直播带货和短视频营销实战秘籍

胡杨 著

河南文艺出版社

·郑州·

图书在版编目（CIP）数据

直播带货和短视频营销实战秘籍/胡杨著. —郑
州:河南文艺出版社,2020.8
ISBN 978-7-5559-1003-9

I.①直 … II.①胡… III.①网络营销 IV.①
F713.365.2

中国版本图书馆 CIP 数据核字（2020）第 139382 号

出版发行	河南文艺出版社
本社地址	郑州市郑东新区祥盛街 27 号 C 座 5 楼
邮政编码	450018
承印单位	河南瑞之光印刷股份有限公司
经销单位	新华书店
纸张规格	700 毫米×1000 毫米　1/16
印　　张	18.5
字　　数	288 000
版　　次	2020 年 8 月第 1 版
印　　次	2020 年 8 月第 1 次印刷
定　　价	99.00 元

序言

2020年年初,一场突如其来的"新冠肺炎"疫情,打乱了我们每个人正常的工作和生活,也使实体经济活动几乎陷入了停滞。

而在疫情期间,快递公司的业务量却大幅度增长,如顺丰速运在疫情期间的2月份业务增量就超过了四成。在无法进行线下消费的时候,更多的消费者选择了网购。预计经过本次疫情,会有更多的人习惯网购,线上消费在消费总量中所占的比重会进一步提升。

自从国家提出了"大众创业、万众创新"的口号后,互联网和电子商务以其较低的门槛、较多的机会、较小的风险,一直都是大众创业的主要阵地。然而经过了十多年的发展,以淘宝为代表的传统电商领域早已竞争非常激烈,成为一片红海;而以微信为代表的新媒体和微商领域,也已经过了红利期,再想从零进入已经非常困难。

从2017年开始,以抖音和快手为代表的短视频平台迅速崛起,凭借短视频快节奏、大信息量、阅读门槛低的优势,在很短的时间内便获取了数亿的用户。有无数的草根借助短视频的红利成功逆袭,如"安徽彭姐""河北二姐""忠哥""炮手张大爷""丽江石榴哥"等等;同时也有无数的企业通过短视频获得了较快的发展和巨量的曝光,而如此巨量的曝光,在传统电视媒体时代,往往需要花费过亿的资金,而在短视频时代却几乎是免费的,更有大唐不夜城不倒翁小姐姐冯佳晨,创造了一个人带火一座城的奇迹。

这些迹象都表明,我们已经进入了一个全新的视频时代,一个从图文阅读时代,全面过渡到视频阅读的时代。

古往今来,每一次重大历史社会变动,都以信息传播方式的改变为其先导;而每一次信息传播方式的改变,必将带来人类社会形态和经济活动的变革。作为生活在这个变革当中的我们，一定要重视这次变革对我们造成的影响，提早做好准备，跟上变革的趋势。

直播带货是一个 2019 年才兴起的新物种，进入 2020 年，我们发现越来越多的人开始加入直播带货的行列，上到各个数百万、上千万粉丝的短视频大 V，下到刚刚起步的小白，以及许许多多的实体商家，甚至李湘、赵薇等娱乐明星。

而在各大媒体上，频频出现某个大主播一场直播带货过亿的新闻。

也正是为了抓住直播电商的这股大潮，在 2019 年下半年的时候，我带领团队，驱车近 5000 公里，全面考察了全国主要的几个直播电商基地，杭州、义乌、广州、深圳、临沂等地，同 30 多个直播公司负责人及一线主播进行了深入的交流学习。回来之后，我便把公司拉到了义乌，为的就是让团队充分感觉到这里浓郁的直播氛围，意图得到更快的发展。

很多粉丝问我，现在做直播带货是不是已经晚了，借用淘宝直播负责人赵圆圆的一句话："当你边看直播边下单和逛商场购物的体感差距完全消失，直播红利期才算消失，直播的天花板才会出现。"

所以，直播电商的时代才刚刚开始!

直播电商是商业活动从"场货人"到"人场货"的转变，粉丝之所以会购买主播推荐的产品，是基于对主播的信任，而优秀主播之所以能创造出商业奇迹，是因为他们利用新的信息传播方式，取得了大量粉丝的信任，放大了个人能力。

做任何生意，首先要有客户，也就是人。很多刚进入直播电商的伙伴，最大的苦恼就是直播间没有人，天天面对在线人数为个位数（基本还是熟人）的直播间而备受打击，最终只能选择放弃，直播电商之路宣告失败。

要做好直播电商，就必须学会短视频运营，有能力持续输出爆款短视频内容才能快速积累粉丝，才能保证直播间的人气，而不是仅仅学会直播技巧就可以了。

因此本书内容分为两部分，第一部分用较大篇幅详细讲解短视频的运营技巧，第二部分详细讲解直播间运营技巧和直播带货技巧。希望读者能理解我的良苦用心，认真学习短视频运营技巧，而不是急于求成，只想学习直播技巧，立马开播,那样就成了无根之木。

直播间其实就跟你开一家线下店铺一样,如果每天进店的客户很少,生意肯定不怎么样。

本书没有深奥的理论,只是以抖音平台为主线,将我们团队在直播电商和短视频运营中积累的经验和教训——总结出来,给将要进入直播电商和短视频营销领域的创业者一些启发和帮助。

最后,感谢支持和参与本书编写的团队伙伴:秦友、凯哥、大圣、岚月、尤尤,以及各位编辑老师,因为他们的鼎力支持,本书才得以同大家见面。

目　录

第八章

涨粉篇 ▶ ▶ ▶ ▶

快速从零到百万粉丝的秘密

第九章

电商篇 ▶ ▶ ▶ ▶

教你快速做一个会赚钱的抖音号

第十章

企业篇 ▶ ▶ ▶ ▶

手把手教你如何用短视频为企业赋能

CHAPTER

第 一 章

趋 势

短视频和直播到底革了谁的命

◂ ◂ ◂ ◂ ◂ ◂

第一节　短视频和直播是当下最大的赚钱红利

改革开放 40 多年来,在我们国家涌现出了很多的商业奇迹,造就了无数的优秀企业家。仔细研究这些企业家的发展史,你会发现,其实他们都是抓住了时代红利而已。

改革开放红利成就了牟其中、柳传志、任正非等老一辈企业家,城市化建设成就了王石、潘石屹、许家印等地产大亨,互联网成就了马云、马化腾、李彦宏、丁磊等。

所以说,一切财富的快速积累皆因抓住了时代红利。

红利分为两种,第一种赚钱红利是政策红利,也就是国家政策往哪里走,哪里就有机会,哪里就能轻松赚钱。

图 1.1　红利

当下,国家政策提倡低碳环保,提倡垃圾分类,这里面就有赚钱的机会。在这种大背景下,如果你非要搞个高污染的工厂,你是不可能发财的。而响应国家政策的企业,却赚钱很容易,甚至能获得政府补贴。

所以说,中国的那句古话,女怕嫁错郎,男怕入错行,说的也是这个道理。

另外,我们需要注意一点,据央视新闻报道,截止到 2019 年 10 月份,已经有超 16000 家政务机构入驻抖音,也就意味着,短视频将是国家文化兴国战略的主要阵地。

而在扶贫领域,快手走得更加超前,解决了很多贫困地区农产品的销售难题。

当短视频成为政府宣传主要阵地的时候,也就意味着,短视频的爆发也是政策红利。

视频 1.1

视频 1.2

第二种赚钱红利是人流红利。

中国有约 14 亿人口,流动人口大概有 2.36 亿,这 2.36 亿人的流动,便造就了人流红利。

在没有互联网的时候,人口的流动是地理位置的流动,就像 20 世纪八九十年代的南下打工潮,那时候的人口流动是从农村到城市,从小城市到大城市,从落后城市到发达城市。

当有了互联网后,人口的流动开始虚拟化,中国网民从最初的搜狐、网易、新浪等门户网站,到百度、淘宝天猫、博客、微博,再到微信,今天流动到了短视频。

为了方便大家更好地理解短视频是当下最大的赚钱红利风口,我们先简单回顾一下,改革开放以来,所经历的几次大的财富浪潮和创富风口。

改革开放初期,第一批下海经商的人都享受了这波红利,那个时候,只要去摆个地摊,就能发财,中国第一商户年广九,就是个摆摊卖瓜子的。像牟其中、柳传志、任正非、宗庆后这些老一辈知名企业家,都是赶上了改革开放的红利快速成长起来的。

打造经济特区。这是一个几乎可以捡钱的红利,当时去深圳发展的,基本上都赚了很多钱。哪怕你去工厂门口摆个地摊,开个小卖部,都可以发财。我老家一个邻居,就是在深圳摆地摊起家的,现在身家好几个亿。

城镇化建设。20 世纪 90 年代至今,中国城镇化建设快速推进,新增的这些城镇人口,他们需要吃饭,需要穿衣,需要住房,需要出行,需要各种各样的消费。所以,在城镇化建设浪潮中,所有给新增的这些城镇人提供衣食住行、吃喝玩乐、学习教育等生活服务的人基本上都发了财,解决他们子女教育问题的人基本上也都发了财。

城镇化建设浪潮中,最重要的一个财富红利就是房地产。不论是开发商,还是建筑商、设计商,以及卖房子的、买房子的、搞装修的、卖沙子的、卖水泥的、卖钢筋的,基本上都发了财。

连锁店大潮。在改革开放的初期,人们都还没有钱,所以那时候都买物美价廉的东西、便宜的东西。但是到了后来,人们手里钱慢慢多了,就开始追求商品的品质,追求档次。而连锁店用统一的管理模式和比较靠谱的产品品质,解决了消费者的信任问题,所以就迎来了发展红利。所以那个时候开连锁店的人几乎都发了财。

20 世纪 90 年代末进入了互联网时代。当年的三大门户网站搜狐、网易、新浪,以及百度、阿里巴巴、腾讯都是在那个时候诞生的。互联网用极短的时间造就了很多的富豪。

2003 年,以淘宝为代表的电商时代到来。所有做淘宝的、为淘宝卖家服务的、搞物流的、搞淘宝店铺装修的、搞电商培训的,基本上都发了财。

2010 年前后智能手机开始普及。所有制造手机的、卖手机的,甚至贴手机膜的、卖手机壳的基本上都发了财。

2011 年微信诞生。接下来三四年,所有做公众号的以及为企业提供新媒体策划、公众号代运营服务的人基本上都发了财。有一次去参加新媒体会议，给我印象最深的就是一个 90 后，戴着眼镜，坐在人堆里非常不起眼，一问，手里却有 2000 万公众号粉丝，每天广告收入都好几十万元，这就是抓住了红利的结果。

2014 年、2015 年的微商，那些千人万人团队的团队长，你说他们有什么能力，他们其实只会干一件事，就是拉群，发朋友圈，就发展出了如此庞大的团队，这其实都是微信红利的结果。一个万人团队，在那几年销售额往往是过亿的。以至于有些上市公司，专门成立了部门，来拉拢这些团队长。

现在已进入短视频和直播电商时代，截至 2020 年 1 月 5 日，抖音日活跃用户数超过 4 亿。上线三年多来，抖音保持了高速增长，已经成为继 QQ 和微信之后的第 3 个国民级应用产品。

所以说，短视频和直播是当下当之无愧的最大的赚钱红利风口，它既有政策红利又有人流红利。

简单回顾一下：改革开放—下海经商—打造经济特区—城镇化建设—连锁店大潮—互联网兴起—电商—智能手机—微信—短视频，这些改革开放以来主要的赚钱红利风口，既有政策红利也有人流红利。国家的政策方向驱动了人口的流动方向。

图 1.2　改革开放以来主要赚钱红利风口

而人口流向哪里，哪里就是遍地黄金，就是赚钱最容易的地方。

其实人最大的能力，不是你学了哪门技术或者学会了某个知识，这些知识和技术随时都可能落后或过时。在这个时代，一个人要想快速崛起，快速积累财富，最重要的一个能力，就是预见未来的能力，以及踩对时代节拍的能力。

图 1.3　人生最重要的能力

但是现实中呢，很多人都觉得赚钱很难很辛苦。其根本原因是他们一直在追着钱跑，而赚钱正确的做法是你要有预见未来的能力，看这 10 亿人往哪里去，看红利方向在哪里，看大规模的钱将要流到哪里，你只需要去那里撑好你的口袋，把它接住即可。

第二节　为什么你感觉生意不好做了？

30 年前，摆个地摊就能发财，那时候创业的成本就是一块布，到批发市场批发几件货，摆到人多的地方，就有人买，那时候生意很好做。

20 年前，在商场租个档口或者在路边开个门面店，就有很多客户上门，那时候房租也不贵，所以生意也比较好做。

15 年前，互联网刚刚兴起，随便做个网页，投点竞价广告，或者用 SEO(搜索引擎优化)技术把自己的行业关键词，优化到搜索引擎第一页，就会有很多精准客户主动联系你，所以那时候用网络营销做生意也比较好做。

10 年前，随便开个淘宝店铺，即使自己没有产品、没有货源，只需要把别人店铺的图片下载下来，然后再上传到自己店铺，每天便可以成交很多订单，那时候电商生意也很好做。

2014 年左右，那时候微信刚普及，公众号刚出来不久，随随便便搞一个投票活动、拉人送苹果手机的活动，或者砍价活动，公众号一天就能涨粉几十万。

还有很多做公众号策划、公众号代运营的，那个时候，赚钱都比较容易。我有个朋友，就在我公司旁边楼上，2015 年给万达做公众号代运营，一次活动收费 20 万。具体怎么做的呢？简单粗暴，做了个红包系统，关注公众号发几毛钱红包，就这一次收费达 20 万。

还有 2015 年、2016 年成长起来的微商千人团队、万人团队的团队长，在那几年，一个万人团队，一年的销售额都是过亿的，以至于像仁和药业这样的上市公司，专门成立了一个部门，目的就是拉拢这些微商团队长来销售他们的产品。

你说他们这些人的能力，比我们在商场摸爬滚打几十年的企业家强吗？他们其实就会干一件事，那就是拼命地拉群，拼命地发朋友圈，就发展出了千人万人团队。

随着时间的推移，今天我们的实体店每天进店的客户越来越少，生意变得越来越差。

决定生意好不好做的关键因素是获取客户的成本。

为什么大家都感觉生意不好做了？因为获取客户的成本太高了。

20 年前，你开一个店铺，你的竞争对手只有你附近 2 公里内的店铺。假设那时候每天有 10 个客户进店，2000 年时候，互联网出现了，你的客户被抢走了 2 个，2003 年电商出现了，你的客户又被抢走了 3 个。这时候，你可以通过强化内部管理，做好服务；提高客单价，提高客户的复购率，来做到整体利润不下降。

可是 5 年前，微商又出现了，你的客户又被微商抢走了 2 个。这时候，原来的 10 个客户只剩下 3 个。而你的房租、人力以及各方面的成本都在快速增加，营销和管理手段早已经用到了极致，在这种情况下，你怎么可能不感觉生意难做！

今天，又进入了视频和直播电商时代，它将会再抢走你2个客户，你怎么办？

通过这些年我对商业的观察，以及跟很多客户的接触，我发现，现在大家都很焦虑。

不管是做传统零售的，还是做传统电商的，以及很多做互联网做新媒体的，大家都很焦虑，因为这个时代变化太快，我们每个人都绷紧一根弦儿。每个人都知道，不改变，就是等死，但是怎么改，其实大家心里都没有底。

就像我跟做实体店的朋友经常说，如果你的店确实不赚钱，那你就下狠心干脆把它关了。但是，很多人为什么不赚钱还一直坚守着呢？根本原因不是他对这个店有多么热爱，而是他不知道关了之后自己该干什么，开着店，总还有一点希望，也许再坚持一下会有好转，心里还有一点安全感。

也就是应了那句话，不改是等死，改就是找死。

但是，所有的机会其实都来自时代变革，只有在时代变革的时候才会有机会。我们老祖先的智慧，我一直非常佩服，有危险就会有机遇。

这些年，所有做传统店铺以及传统电商的人，大家都在说生意越来越难做，这几乎是每个人的共识，也是这几年听到最多的一句话。

同10年前相比，今天你的能力肯定是增强了，经验更丰富了，产品更好了，营销和管理能力更加突出了，社会关系更广泛了，可为什么没有10年前赚钱了呢？

但是另一个层面，有太多抓住微信、抓住视频风口的草根迅速崛起，短短几个月，即获得了几百万甚至上千万的粉丝，在快手上做电商的，日发货几千单的比比皆是。

所以借用马云一句话，不是生意不好做了，而是你家的生意不好做了。

生意不好做的根本原因，是商业的形态发生了变化，消费者的消费渠道发生了变化；而不是整体市场的消费水平降低了，消费容量降低了。

今年是2020年，90后已经30岁了，95后25岁了，00后都20岁了。他们都是互联网的原住民，当他们成长起来，口袋里的钱越来越多，成为消费主力军的

图 2.1　消费习惯的改变

时候,他们购物去偶像的直播间,去天猫、京东,打车用滴滴,吃饭用美团、饿了么,娱乐靠手游。他们再也没有逛街的习惯。

　　别人都在用直播卖货了,用视频营销卖货了,你还苦苦守在店里等着客户上门,现在大家都不逛街了,哪还有那么多客户上门。我去义乌直播基地考察,曾经见过一个搞直播卖货的,主播面前架着 20 多个手机,就算一个手机上有 20 个人,那么加在一起,也有四百多人同时在线(等同于你的店里同时有四百多个客户在购物),而你花那么大精力、那么大成本开的店,一天能进几个人?

　　所以,你家生意不好做的原因是,马上就 5G 时代了,你还在用 30 年前坐等客户上门的方式做生意,生意只能越来越难做。

第三节　今天什么样的人赚钱最容易?

　　李佳琦,5 分钟卖出 15000 支口红,销售额 350 多万,2019 年个人销售额保守估计 2 个亿。

图 3.1 李佳琦抖音带货

淘宝直播一姐薇娅,2018 年双十一一天成交 3 亿,2018 年全年成交 27 亿,一个人顶一家上市公司。

散打哥,2018 年 11 月 7 日,直播 3 小时卖货 5000 万,个人单日销售额 1.6 亿。

娃娃,2 小时卖货 5 万多单,直播平均每小时成交额 100 万以上,27 个服装加工厂为其服务。

图 3.2　薇娅直播图　　　　3.3　散打哥直播图　　　　3.4　娃娃直播图

今天什么样的人赚钱最容易？答案是那些有大量粉丝、有个人 IP 的人。

这些人为什么赚钱这么容易？因为他们的客户流量是不要钱的。

当他们借助直播这个当下最为先进的工具，用短视频和直播积累自己的粉丝，有了足够的"私域流量"的时候，他们随便发个消息，或者开场直播，就会有几万、几十万，甚至几百万人看到，而且粉丝对他们都有着基础的信任，因此他们卖什么销量都会瞬间暴增。再加上这些大主播都有专业的供应链选品团队，最大可能保证拿到的货源质量既好又便宜，因此便会有大量的忠实粉丝长期追随，奠定了他们持续保持高销量的基础。

而你没有粉丝，那么你的每一个客户都要花钱去买。而那些有着大量粉丝的人，他们的流量是免费的。所以他们赚钱最容易，哪怕卖同样的产品，他们的成本也比你低得多。

今天做生意最大的成本，其实就是购买客户的成本。无论线上还是线下，都是一样的。

在线下做生意，付那么高的租金来租档口或者门面，其实租金的绝大部分是用来买客户流量的，否则你完全可以把店铺开在住宅楼里，那里租金更便宜。

做过实体店的老板都知道，租店面有金角银边的说法，意思是说在角上和边上的铺面，可以获取到更多的客户流量，因此租金也都比较贵。

而现实的情况是：**线下等流量越来越难，线上买流量越来越贵**。

原来中国有 10 亿人口，而做生意的只有 1000 万人，所以那个时候摆个地摊就能发财。而今天，中国有几亿人在做生意，如果你的思维还是停留在上个时代，只会等客户上门，那么你的生意只会越来越难做。

今天所有做生意的老板，要想生意好，必须把如何获取客户作为战略核心，必须把 80% 的精力拿出来引流获客，不断地寻找低成本的客户获取方法，这才是今天做生意正确的姿态。

而短视频正是当下获取客户成本最低的方式。一个短视频，获取到几百万甚至几千万的播放量是非常常见的现象，直播间保持几百上千人在线也是很容易的，这在以前是绝对不可能做到的事情。

要想生意好，人在哪里，你的营销就要做到哪里。今天，大量的人在短视频和直播间里。

直播和视频电商将是未来商业的标配

◂ ◂ ◂ ◂ ◂ ◂

第四节　从"两微一抖"认识短视频的前世今生

"两微一抖"指的是微博、微信和抖音,当下最主要的三个自媒体平台,也是今天企业做营销必须占领的阵地。

能把官方微博、官方微信、官方抖音中的任何一个做好的企业,在今天这个粉丝经济的时代,一定是活得比较滋润的。

1. 三个平台具体有什么不同呢?

微博和微信是图文自媒体时代的代表,而抖音、快手是视频自媒体时代的领头羊。

从信息角度区分:

微博玩的是消息:微博几乎是一切全民热搜、娱乐八卦、明星绯闻的发源地,在微博上,更多的是"大江东去"的广域信息,如世界大势、国际民生、行业趋势、娱乐八卦等;而很少有我今天去哪儿玩了、我今天吃了什么、我今天心情又不好了之类的个人情感内容。

微信玩的是关系:微信的朋友圈是一个准熟人社区,除了少数做微信营销的营销微信号外,绝大多数人的微信好友都是熟人,至少是准熟人。而在这个熟人编织的社区里面,所传达的信息主要是一种个体情怀。所以我们发朋友圈,更多的是一种打卡行为,是一种感情的记录和炫耀。比如心情不好了发个朋友圈,孩子惹你生气了发个朋友圈,孩子乖了也发个朋友圈,我们的亲朋好友看到后,就会评论或者点赞,看你心情不好了会开导你,看你有个乖孩子也会夸你教子有方。

短视频既有消息也有关系:前文已讲到,已经有数千个政府部门进驻抖音,成为国家文化兴国战略的主要阵地,所以抖音上既有世界大事、民族自豪、大国情怀、警民一家,也有母慈子孝、妇唱夫随、家庭和睦、孝媳贤婆、美女帅哥。抖音更是推出了多闪和飞聊两个同抖音深度打通的社交APP,来强化抖音的社交关系属性,所以腾讯这个巨无霸才会对抖音严防死守,将其视为自己最大的威胁而进行封杀。

而快手更多的是一种"老铁"文化,快手主打的调性就是真实,有媒体曾经评论说,快手上有一个连 CNN 和《纽约时报》这样的强悍触手都触及不到的真实世界!

从信息分发的角度区分:

下面两幅图,图 4.1 是微博的首页截图,核心入口是热门、关注和同城。所以微博是一个半开放的平台,当一个达人没有粉丝的时候,可以通过发布热门内容的方式获取到平台分发的流量,当有粉丝的时候,达人所发布的内容,粉丝都可以在关注里面看到。

图 4.2 是抖音的首页截图,核心入口是推荐、郑州(同城),而关注相对弱化。对于大多数刷抖音的人,时间大多数花在推荐页,也就是抖音利用自己的智能算法,推荐给用户喜欢的内容,而进入关注页面,看自己已关注达人发布的视频的用户相对较少。

图 4.1　微博首页

图 4.2　抖音首页

快手采用瀑布流的方式展示内容,具体的推荐机制同抖音类似,但是用户有更多的选择权,不像抖音,用户只能被动接受平台推荐的内容。

因此,微博和抖音的平台信息分发逻辑比较类似,但是抖音的千人千面,按照用户喜好智能分发的算法,先进程度远超微博。

而微信不管是朋友圈还是公众号,都需要首先是好友或者关注过公众号,才能看到达人所发布的内容,相当于微博和抖音的关注页,而没有智能推送机制(虽说后来推出了看一看,但是用户群体很少)。

所以,在微信里面,要获取到流量,就必须有粉丝,而在抖音、快手里面,即使你没有任何粉丝,只要能输出平台和用户喜欢的优质内容,一样可以获取巨大的流量。

抖音大大缩短了大V和小白的差距,使每个人基本处于同一个起跑线! 给了每个人通过输出内容,获取到海量流量并获取粉丝的机会。

2. 抖音、快手到底是什么?

简言之,抖音、快手就是一个自带内容的视频播放软件。

平台自己不生产内容,而是让创作者去生产内容,然后将创作者生产的内容分发给可能喜欢该类内容的用户,让用户对内容进行打分,进而选出用户喜欢的内容进行大量推荐。

我第一次接触到抖音APP,是在2017年年底的时候,第一次打开就有一种似曾相识的感觉,当时我觉得自己失去了对时间的感知,我的每一次滑动都把我的注意力,锁定在对下一个未知内容的期待上,我感觉不到时间的流动,感觉自己在一个很牛的事情上获取一种极致的快感。

有时候,会刷到一个完全不感兴趣的内容,那一刻我就比较沮丧,会毫不犹豫地滑过去,就在这种快乐、沮丧之间,我突然感觉到,似乎自己到了澳门。

抖音诞生于2016年9月,在2017年时候,抖音slogan(标语)改为"记录美好生活",抖音的内容开始丰富。

抖音最大的特征是"千人千面",也就是我们每个人看到的内容是完全不一样的。抖音会根据每个用户的行为,给用户打上标签,通过大数据分析用户的喜

好,做到为用户推荐其喜欢的内容。

如何理解抖音、快手的智能推荐算法呢?假如说给你推荐了一个古典美女,你看了 3 秒,然后又给你推荐了一个身材超好的小姐姐,你看了 8 秒,接着又给你推荐了一个性感的小姐姐,你看了 12 秒,还点赞评论了,那么它就知道你喜欢什么类型的了,它以后会更多给你推荐这种类型的,然后再根据你的行为进行修正。

所以说你的短视频账号是会暴露你的隐私的,它在某种程度上比你自己更了解你自己。

第五节　直播和视频电商是未来商业的标配

直播和视频营销是百年一遇的大机会。为什么这么说呢?因为每一次传播方式的改变,必将引起社会形态的变化,也就必将带来商业形态的变化。

几千年来,人们追求身临其境,追求无限逼近现实的需求一直没有改变。也就是希望自己能够做到身临其境,自己亲眼所见,然后才会产生信任,耳听为虚,眼见为实。

而商业交易的本质其实就是信任,谁能解决信任问题谁就是王者。

自从进入工业社会,产品便开始过剩,进入了买方市场,为了解决信任问题,几乎所有商家都开始打造自己的品牌,目的就是为了解决信任问题。经过这么多年的发展,品牌也已经过剩,大多数的品牌并不能真正解决信任问题。

而视频和直播能够最大限度地解决人们的信任问题,说一个产品好,怎么好?在图文时代,你需要用复杂的图文内容,通过各个方面的展示,还要配上一堆外星文一样的行业标准和数据,最后客户还是半信半疑。

而视频和直播可以直观地展示商品的各种细节,可以和其他产品做直观的对比,让用户所见即所得。信息传达的效率和可信度远远超过图文时代。我们看一下图 5.1 这个案例。

这是华为官方抖音上的一个广告作品，它既没有直接说自己技术有多好、多先进，也没有直接展示自己的实力，就是用视频真实地告诉用户，华为手机的人像识别有多强大，连贴着面膜都能识别，非常直观，非常真实，给用户即时识别、即时信任的结果。

所以直播电商将是未来10 年商业的标配。不会用直播卖货的人，将来生意会越来越难做。直播销售同传统销售最大的区别是，同样的话术、同样的付出，却有着不一样的效率。

视频 5.1 （扫码查看）

图 5.1 案例

传统销售是一对一的买卖，一个销售员大多数时间是对着一个客户进行销售，而直播是一对多的成交。同样的一段话术，花费同样的时间，你讲给一个人听，和讲给几百人、几千人甚至上万人听，所付出的成本是一样的，而产生的效益和成交的结果却是天壤之别。

我经常问身边人或者客户两个问题，第一个问题是拥有先进工具意味着什么？

大家的答案是意味着更高的效率、更好的质量，拥有更强大的竞争力。

第二个问题是你会拒绝使用先进工具吗？

大多数人的第一反应是不会。但是经过我接下来的分析后，大多数人都会惊奇地发现，原来自己已经拒绝了这个时代最先进的工具。农耕时代,一把铁锹、一头牛、一辆小推车,就是那个时代最为先进的工具。

工业时代,先进的机械设备、自动化的生产线、精度更高的制造工艺,就是那个时代最为先进的工具。

而今天,我们生活在信息时代,信息时代最为先进的工具是什么呢?

很多人会说是网络,是电脑,是智能手机,这些都只是信息时代的基础设施而已,就如同我们的高速公路,这些并不是信息时代的先进工具。

而运行在电脑和智能手机上的各种软件、APP 和平台,才是这个时代能无限放大我们个人能力的最为先进的工具,如抖音、快手、百度、淘宝、美团、微博、微信。

而今天最为先进、获客成本最低的工具,就是视频电商和直播电商。

在我们进行线下课程的时候,我经常会做这样一个调查,在 2014 年时,利用微信赚钱的有多少?结果举手者寥寥无几。在 2018 年借助微信为自己的企业赋能,想通过微信赚钱的有多少?几乎全部举手。2014 年进入,竞争非常小,成本非常低;而等到 2018 年再进入,能做成功的几乎没有。

而今天的直播电商,就是 2014 年时候的微信。又有多少人开始做呢?大多数人还会等到明年后年,生意越来越差,坚持不下去了,不得不做的时候才会开始,这是大多数人的宿命。

马云说的那句话,大多数人对新鲜事物的态度,必经的 4 个阶段"看不见,看不起,看不懂,来不及",还会在现在以及将来不断地重演。

你的抖音是什么时候下载的?你发布过作品吗?你开始用短视频赚钱了吗?现在你还敢说自己不会拒绝先进工具吗?

第六节　为什么说抖音是抓住短视频风口的首选平台

当下主流的短视频平台有抖音、快手、微视、西瓜等。

抖音的母公司是字节跳动,简单总结一下,字节跳动可以用三个"牛"来概括。

1. 算法之牛

在刚刚过去的两年内,人类所产生的信息总量,相当于人类历史上所创造的信息总量之和。当信息开始过载的时候,人们以往主动获取信息的方式,就会有大量时间浪费在寻找和筛选信息上。虽然以百度为代表的搜索引擎,解决了大部分人快速寻找信息的需求,但是随着搜索引擎被过度营销,搜索结果上全是广告信息,前几页基本都是各种软文广告;并且随着人们获取信息的方式从PC端转移到手机,如今日头条、微信公众号等众多的内容类APP平台都不对百度开放,使得百度帮助人们快速获取有用信息的能力变得越来越弱。

而字节跳动的创始人张一鸣,就敏锐察觉到了人们的这个需求,既然信息过载,人找信息很麻烦,那何不让信息去找人?

也就是要建立一套智能的信息分发机制,把信息推送到需要它的人面前,今日头条就是张一鸣的第一个测试产品,非常成功。

经过七八年的发展,字节跳动公司的内容分发技术已经非常成熟,在国内绝对是 NO.1,在国际上也处于领先地位。而抖音是今日头条的升级版本,成功实现了对视频的智能分发,可以说更加智能、更加完善。

2. 实力之牛

一家互联网公司,能有一个 APP 跻身于网民常用 APP 之列,往往估值就会达到数十亿甚至上百亿,而字节跳动这家公司有多少个呢?从图 6.1 我们便可看出其实力,还没有上市估值就已经高达 750 亿美元。

3. 市场之牛

前文我们已经讲过,据央视新闻报道,截止到 2019 年 5 月份,已经有近6000 个政府部门入驻抖音,也就意味着,短视频将是国家文化兴国战略的主要宣传阵地,成了半个官媒。

历史上还没有任何互联网平台获得过如此的成就,当它成了半个官媒的时候,也就意味着它不再有竞争对手,也不会死掉了。

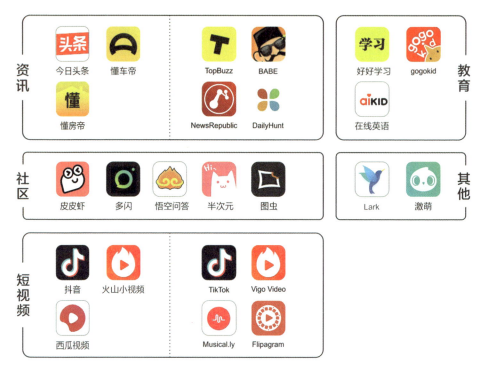

图 6.1　字节跳动产品全景

另外，据字节跳动公司 2019 年 7 月 9 日发布的最新数据，字节跳动所有 APP 日活跃用户总和已经突破 7 亿，月活跃用户突破 15 亿。

仅仅抖音 APP 日活跃用户已经突破了 3.2 亿，注册用户数超过 8 亿。而社交帝国微信的国内总用户数也是 8 亿多。

表 6.2 对抖音和快手做了一个详细的对比，从发展趋势上，我们可以看到，抖音的发展速度极快。

从用户群体上看，抖音用户 50% 处在一、二线城市，也就是"三高"用户：即高收入、高学历、高消费。

而快手用户主要集中在三、四线及以下城市和广大农村，快手上内容调性比较低，因此快手攻占大城市人群的可能性不大，而抖音下沉的空间却很大。

目前，虽然快手的带货能力比抖音强，享受了下沉的农村市场新网民红利，但是快手用户整体属于城乡青年，没多少钱是硬伤，因此快手上销售的产品，基

抖音		快手	
2年 2016年9月	**3.2**亿 DAU	**8**年 2011年3月	**2**亿 DAU
78分钟 人均使用时长	**50**% 一、二线城市用户占比	**60**分钟 人均使用时长	**64**% 三、四线及以下用户占比
2000w 每日新增视频	**200**亿vv 日均播放	**1500**w 每日新增视频	**200**亿vv 日均播放

图 6.2 抖音和快手的直接对比

本上都是 100 块钱以下的,高于 100 块的很难卖出去。

另外,目前快手的用户增长已经非常缓慢,接近极限,快手平台已经进入了存量竞争阶段,如果一个新手从零开始进驻快手,难度还是比较大的。当然如果你的用户群体是四、五线城市和广大农村,那快手就是你最好的选择。

因此,抖音是当之无愧的、抓住当下直播和短视频风口的首选平台,进驻门槛很低,而且存在巨大的增量空间,很多快手上过时的卖货手段,在抖音平台上非常有效。

第七节　做短视频真的难吗?

一说到要做短视频、做直播,大多数人,尤其是 80 前的第一反应都是,哎呀,那太难了,门槛太高了,我干不了。

对个人来说主要是认为自己没才艺、没内容、没长相、没身材、没口才、没经验、没特点。

对企业来讲主要是没人才、没队伍、没经验、没方向，很多困难摆在面前。

下面请大家看几个案例，看完之后大家再想想，这些人比自己强吗？比自己有经验吗？比自己有实力吗？比自己更有才艺吗？

第 1 个案例就是"炮手张大爷"（图 7.1），张大爷是一个拾荒老人，通过视频来展示自己积极向上的生活态度。拉一车废品，然后笑呵呵，很兴奋地说今天去换钱，换完钱就可以买排骨吃，然后呵呵一笑，就触动了很多人的内心，收获了300 多万的粉丝。这个作品点赞 200 多万，播放量肯定也在5000 万左右。而且老爷子每天开直播，在线人数都是一两千人。你说他随便卖点什么特产，一个月赚几万块钱是不是很轻松？他有什么才艺吗？他有什么经验吗？他有什么颜值吗？他有好的口才吗？

视频 7.1 （扫码查看）

图 7.1 炮手张大爷–案例

第 2 个案例是"王小弦"(图 7.2),颜值、专业道具什么都没有,就是拿手机拍了一下自己家人日常的一些生活片段,弄了一些搞笑的段子,却做到了 1000 多万粉丝,购物车里卖很多品类的商品,他的收入肯定超越大多数的实体店老板,却几乎没有投资、没有风险。他们一家还有另外一个账号叫"韩饭饭",也是 1000 多万粉丝,经常上抖音销量达人榜。

第 3 个案例是"空人空心空世界"(图 7.3),要口才没口才,要长相没长相,却做到了 200 多万粉丝,接过支付宝花呗的广告。是不是觉得不可思议?长得不好看,也没有什么真正的才艺,支付宝居然找他做广告。他同时还把流量导入到自己的饭店,把自己的饭店搞成了一个网红店。

第 4 个案例是"海洋言志"(图 7.4),这个作品,100 多万点赞,大家都是在看完这个视频后,对他的遭遇产生了同情,

视频 7.2 (扫码查看)

图 7.2 王小弦-案例

视频 7.3 （扫码查看）

图 7.3　空人空心空世界–案例

视频 7.4 （扫码查看）

图 7.4　海洋言志–案例

与此同时,又佩服他的毅力、佩服他的努力,甚至还会为自己的不努力而感到羞愧。他虽然是残疾人士,却通过这样的作品勇敢展示自己,如今在抖音上已经获得了 50 多万粉丝,改变了自己。

第 5 个案例是"阿古,地摊夫妻"(图 7.5),两口子是在菜市场摆摊卖菜的,100 多万粉丝。玩的完全是纯表演、对口型,你说他们有什么口才?有什么才艺?有什么专业度?只是放得开而已。

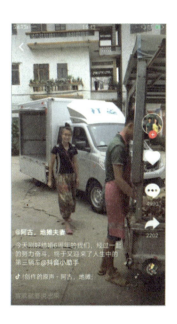  

视频 7.5 (扫码查看)

图 7.5 阿古,地摊夫妻–案例

第 6 个案例"丽江石榴哥"(图 7.6),他是一个小学老师,业余时间在路边摆摊卖石榴,300 多万粉丝,同样也是没有才艺,没有经验。

所以就算你再没有才艺、没有长相、没有口才、没有地位、没有身份,没有这个没有那个,在抖音里面也都能找到很多不如你但是做得很成功的案例。

视频 7.6 (扫码查看)

图 7.6　丽江石榴哥–案例

现在你还把没有才艺、没有相貌、没有口才、没有身份当作自己没法做短视频、没法做直播的理由吗？

其实这些都只是借口，都是你想躲在自己的舒适区，不愿去尝试新鲜事物的理由，仅此而已。

在没有短视频之前，没有才艺，没有颜值，没有口才，可以成为你做不了视频的理由，但是在抖音里，这一切都不应该是理由，不是你做不了，而是你懒，没有被逼到绝境，没有被逼到不放手一搏就是死路一条的地步。

为什么很多人觉得做短视频难？

其实根本原因是认知问题造成的。这么多年来，对普通人来说，看到的不管是电视、电影，还是网络上的视频以及直播，都是一些专业的人士，有颜值、有才艺的人。这就给大家造成一个根深蒂固的潜意识，那就是必须要有才艺、要有颜值、要有专业的队伍才能去做视频。

但是自从智能手机普及,快手和抖音崛起,已经把做视频的门槛大大地降低,视频已经成为普通人、草根一族谁都可以玩的一个东西。

所以每一个认为做视频门槛太高、太难的人都应该升级自己的认知,真正去理解今天的短视频,它已经不再是传统意义上的那个高大上的视频和电视节目,而是任何人、任何草根、任何普通人都有机会参与的一个全民的视频形式。

以前要拍摄视频,需要投资数万元买专业设备,而今天,人手一部甚至几部智能手机,拍摄效果都非常好,完全能满足做短视频和直播的要求,可以说今天做短视频,几乎不需要任何额外投资。

经过前面的讲解,我希望每个人都从内心深刻地问一下自己,你觉得做视频做直播真的难吗?

千万不能因为自己的一个错误认知,而错过这次由信息传递方式的改变带来的巨大的财富浪潮,我认为视频电商的机会,完全不亚于微信带来的商机。

还是这句话,有机会一定要尝试一下,万一成功了呢?其实试错的成本并不高,而错过的代价才是最高的。

再强调一下这句话,**视频营销和直播电商是当下最大的创业风口,直播电商将重构我们的商业形态,将影响我们未来几十年的生活方式,是一个巨大的机会。**

既然是机会,我建议每个人都要去试一下。

国家提出的口号是万众创业、大众创新,将来一定是人人皆商的时代,大家都做生意了,那么客户肯定越来越难找,在视频时代,不掌握视频营销和直播卖货这两个最先进的工具,生意肯定会越来越难做。

我在义乌那边的直播卖货基地考察了一下,深刻意识到直播卖货的威力,直播电商已经不再是那些漂亮小哥哥小姐姐的专利,也不是只有靠唱歌跳舞才能卖货,而是消费者需要更多的各个领域的达人,来告诉他们如何才能把生活过得更美好。

只要你在某个领域里有自己的专长,你就可以直播,输出自己的知识,进而变现。

直播电商是这个时代成本最低、风险最小的创业方式,也是传统企业和传统电商突破当前困局最好的途径。

2019年是短视频和直播电商的元年,2020年将是短视频和直播电商全面爆发的一年,所有人都不应该错过。

CHAPTER

第 三 章

定位 篇

"赛道"是决定你能否用短视频赚钱的关键

◂ ◂ ◂ ◂ ◂ ◂

第八节　那些几十万上百万粉丝的账号为什么被放弃

如果你逛过 A5 新媒体交易平台 (https://xmt.a5.net)，你就会发现，上面有很多卖账号的，类型涵盖抖音、公众号、快手、今日头条等平台。为什么会有这么多人出售账号呢？一般有四个原因。

图 8.1　售卖抖音账号

1. 批量做号的，在平台野蛮生长期，涨粉容易，批量做号，然后直接卖掉，这种粉丝一般不会很多；

2. 没时间做或者想趁早出售变现的，这种情况是大多数卖号者的共同理由；

3. 不知道如何变现或者无法变现，干脆卖掉，这是最为普遍的一种情况；

4. 没有持续输出优质内容的能力，前期一味投机取巧，后来平台内容升级被淘汰限流的账号。

账号做起来为什么无法变现呢？

有两种情况，第一种情况是前期没有做好定位，造成后期无法变现，如大多数的泛娱乐类账号，图片文字轮播账号，既没有真人出镜，也没有 IP 塑造，自然无法变现。第二种情况是不知道如何变现，如一些有颜值的小哥哥小姐姐，随便发几个作品，居然火了，涨了几十万粉丝，但是他们对做生意一窍不通，自然也就不知道如何变现。

所以，为了避免这种尴尬局面的出现，我们一开始就必须做好定位，想明白自己要干什么，有什么优势，有什么特长，将来如何赚钱。

第九节　如何选择一个适合自己的赚钱赛道

一、定位

要开始做视频电商，最开始一定要先做好定位，也就是你做短视频的目的是什么？当然对大多数人来说，终极目的肯定是赚钱，但赚钱的速度是由定位决定的。

如果你资金比较充裕，不急于赚钱，就可以选择受众比较广的内容，如娱乐、帅哥美女、情感鸡汤、励志、正能量，这些方面的内容，容易获得比较大的流量；

如果为了涨粉，选择高垂直、高黏度的内容，比如知识类、生活常识，别人感觉有用，就会关注你；

如果为了快速变现，选择具备种草属性的内容，比如开箱测评、好物推荐、使用测评；

如果为了推广产品引流，就围绕产品设计内容；

如果为了品牌曝光，就直接围绕品牌，做爆款内容即可，这方面中国联通官方抖音号做得很好。

做好定位以后就要开始选择赛道。这里说的赛道就是你要选择的行业。当然，如果你有自己的生意，那就无所谓了，直接围绕自己的生意去做即可。如果你当下没有产品，没有自己的生意，那么开始做短视频之前，一定要选一个好的赛道。

赛道的选择是决定你变现速度以及能否赚钱的首要因素。

很多有几十万几百万粉丝却停止更新的账号,大多数是因为前期定位和赛道选错了,造成后期无法变现,而最终前功尽弃。

常规的赛道有泛娱乐、美妆、美食、汽车、母婴、宠物、亲子、家居、旅游、珠宝、文玩等。

图 9.1　常规赛道

每一个常规赛道里面又可以细分出来很多的细分赛道。以美食为例,又可以细分出来美食制作、美食探店、美食测评、大胃王挑战等细分赛道。

图 9.2　美食细分赛道

赛道的选择决定了你的变现速度和能力,是决定你做短视频能否成功的首要因素。像很多早期抓住了红利,快速积累粉丝的账号,由于是那种文字翻转或者图片轮播的内容形式,没有真人出镜,没有IP人设,虽然积累了很多的粉丝,但是后期却很难找到非常有效且长久的变现渠道。

所以我强烈建议每个人刚开始做的时候,一定不要投机取巧,全力去提升自己输出优质内容的能力,一定要真人出镜,从开始就塑造自己的个人IP。

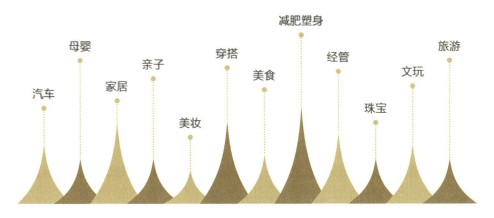

图 9.3 离钱最近的赛道

为了后期更好地变现,我们一定要选一个离钱比较近的赛道,比如:美食、美妆、母婴、亲子、经管、穿搭、减肥瘦身、旅游、汽车、茶叶、珠宝、装修、家居……

这些赛道只要你把粉丝做起来,哪怕你自己不主动变现,也会有商家找上门来投放广告,直接拿着产品或者服务,来找你合作。

泛娱乐、颜值类(小哥哥小姐姐)、唱歌、舞蹈、风景、拍摄、图片轮播等,这些都是离钱比较远的赛道,一般不建议选择(做相关服务教育工作的除外),除非你自身有特别好的优势。

二、如何开始

做好定位并选择好赛道后,我们就需要考虑下一个问题,那就是要拍摄的内容和表现方式。拍什么才能达到目的,然后确定自己有哪些资源可以利用。比如人物,谁可以出镜,谁可以帮自己拍摄?根据自己的定位和赛道,需要用什么样的场景才能表达？是家庭场景、办公室场景，还是饭店、咖啡厅、商场场景等等。

最后就是内容。最快的进入方式就是找到自己同类的账号，去模仿他们的爆款，进行改良。在自己没有爆款作品之前，原创是非常困难且危险的一件事。

如果拍了很多作品，还没有多少播放量；开了好多次直播，直播间还是没有人气，那会非常打击你的自信心，很容易选择放弃。

想清楚内容后，一定要先去看看别人是怎么做的，对于刚起步的人来说，无中生有是难度非常大的，借鉴同类腰部账号的内容，然后模仿，才是最快最高效的方法。

为什么要借鉴同类腰部账号而不是头部账号呢？因为你的账号刚起步，头部账号是不可效仿的。因为头部账号的粉丝基数大，账号权重很高，粉丝黏度也非常高，所以点赞和完播率都非常高。而你一个新账号，根本不具备这样的条件。

关于平台的推荐机制，在后面章节中我们讲到抖音的推荐机制的时候，会详细讲解这一点。

而腰部账号也是刚刚起步不久，跟你的条件比较相似，所以模仿和改良腰部账号的内容最容易成功。

三、拍什么

定位清楚了，赛道也选择好了，拍摄内容也想好了，那应该如何着手去拍呢？

其实拍摄这块无非是这 5 点：拍自己，拍别人，拍生活，拍工作，拍动物。每个人短视频的制作形式都会有所不同，重点是什么样的拍摄方式更适合你，如果你自己没趣没料，你可以找一个有趣的人，就比如"炮手张大爷"的运营者，你根本不知道本人是谁，但他依然火了。

1. 拍自己（图 9.4）

不管你是秀才艺还是聊段子，恶搞耍萌或者讲行业知识，只要敢于秀出自

视频 9.4 （扫码查看）

图 9.4　拍自己–案例

己，一定能运营好短视频，在抖音上，很多外卖哥、快递员、工地大哥、农村小哥都通过拍自己火了起来，快手上更是如此，所以你也一定不会太差。

2. 拍别人（图 9.5）

如果你实在觉得自己没趣、没料、没才艺，不敢秀，也不敢上镜，你可以拍别人，最典型的这个案例"小鹏"，从一开始到现在，一直都在拍别人，粉丝也近 300 万了。

3. 拍生活（图 9.6）

普通平凡的生活中，可以制造很多笑点，比如找一个恶搞的配音，找一些有趣的段子，夫妻两人，或者朋友几个，在朴素的农村大环境下，也可以演绎出来。如果你的生活状态是别人向往的，那展示出来效果就会更好。其实做抖音门槛一点都不高，大多数时候都是自我设限以为很难，所以就变得很难了。

图 9.5　拍别人-案例视频

图 9.6　拍生活-案例

4. 拍工作 (图 9.7)

如果你的工作是大众感兴趣的 (如厨师),能给用户带去价值的 (如律师),或者有神秘感、人们好奇的,能引起用户共鸣的,你都可以把它拍出来。

5. 拍动物 (图 9.8)

宠物是人类最好的朋友,而且随着物质条件的提升,人们生活的节奏越来越快,人们为了缓解焦虑,宠物市场还在进一步爆发,很多空巢老人或者不婚族,都选择宠物来陪伴自己。所以拍摄宠物内容,受众非常广泛,而且变现也很容易,变现的渠道也有很多。

视频 9.7 (扫码查看)

图 9.7 拍工作-案例

视频 9.8 (扫码查看)

图 9.8 拍动物–案例

CHAPTER

第 四 章

起 步

正确的开始决定成功的80%

◂ ◂ ◂ ◂ ◂ ◂

第十节　了解平台的规则，知己知彼方能百战百胜

古人说得好，知己知彼，百战不殆。做短视频和直播同样也是如此，只有了解平台的各种规则，才能做得更好。

由于章节有限，我们仅以抖音平台来详细讲解，快手平台规则和算法机制其实比较类似，需要的伙伴可以联系作者免费获取。

《抖音网络社区自律公约》是每个做抖音运营的人都必须熟知的规则，很多从其他行业转型过来做抖音的人，刚开始由于不了解抖音的规则，只按照自己的思路去做，所以效果不好，甚至一不小心就触碰到一些平台的红线而被打压，甚至被封号。

抖音作为短视频行业当之无愧的领头羊，日活跃用户量超过 3 亿，这么庞大的一个平台，在享受短视频带来红利的同时，也肩负着一定的社会责任，所以，它一定是一个传递正能量的平台。

在这样的背景下，如果视频中出现一些不和谐、不符合《抖音网络社区自律公约》的内容，那结果可想而知。

那么，《抖音网络社区自律公约》里面有哪些规定呢？在这里我列举一些大家最容易犯错的地方：

一、以下内容禁止在平台发布和传播：

1. 散布淫秽、色情、赌博、暴力、凶杀、恐怖或者教唆犯罪的；

2. 传授犯罪方法或宣扬美化犯罪分子和犯罪行为的；

3. 含有涉毒、竞逐等危险驾驶、欺凌等违反治安管理的内容的；

4. 侮辱或者诽谤他人，侵害他人合法权益的；

5. 侵犯他人著作权，抄袭他人作品的；

6. 宣传伪科学或违反科学常识的内容的；

7. 展示丑陋、粗俗、下流的风俗,宣扬拜金主义和奢靡腐朽的生活方式的;

8. 展示自残自杀内容或其他危险动作,引起反感和不适或容易诱发模仿的;

9. 展示不符合抖音用户协议的商业广告或类似的商业招揽信息、过度营销信息及垃圾信息。

二、用户在抖音平台注册和使用账号,应当提供真实的身份信息。未按照相关法律规定提供真实身份信息、完成实名认证的,不得在抖音平台发布内容。冒用他人名义、提供虚假注册信息或证明材料的,一经发现,将由抖音平台关闭相关账户。

三、任何人不得利用抖音平台实施诈骗、传销、走私等违法犯罪行为,销售任何国家法律法规禁止和限制销售的商品或服务,包括但不限于枪支弹药、爆炸物、管制刀具、珍稀野生动植物,医疗服务、药物和保健品,烟草等。

四、抖音用户不得利用抖音平台实施骚扰他人的行为,包括但不限于无视他人明确拒绝的态度,以评论、@ 他人、私信、求关注等方式对他人反复发送重复或诉求相同的信息。

五、用户不得使用任何非正常手段获取包括但不限于粉丝、播放量、评论、点赞等虚假数据。平台致力于打击站内买粉买赞等对数据进行作假或虚构等作弊现象,一经发现此类行为,平台将严格进行处罚。

此外,在未成年人保护方面,抖音还专门有一系列规定:

一、未成年人在抖音平台注册账户应当得到其监护人的同意。监护人可以合理方式通知抖音平台并撤回其同意,抖音平台将在收到监护人撤回同意的通知后关闭该未成年人注册的账户。

二、抖音平台有权限制未成年人账户在抖音平台发布内容、发出或接收信息。未成年人账户将被限制特定民事行为的权利,包括但不限于进行交易或付费打赏等。

三、抖音平台禁止任何下列损害未成年人身心健康和合法权益的行为和内

容:

1. 残害、虐待、体罚未成年人的;

2. 涉及实施未成年人性侵害的;

3. 展示校园欺凌的内容;

4. 其他危害未成年人人身安全和健康的;

5. 推销或演示可能危害未成年人人身安全或健康的玩具物品的;

6. 含有未成年人饮酒、吸烟、吸毒行为的内容;

7. 披露未成年人的个人隐私或有损未成年人人格尊严的;

8. 展示未成年人婚育的内容;

9. 宣扬和鼓励未成年人厌学弃学的内容;

10. 歪曲和恶搞经典卡通形象或供未成年人观看的其他文艺作品。

凡发布上述内容的抖音账户,一经发现,抖音平台将直接删除上述内容或者关闭账户。

对于涉嫌违法犯罪的,抖音平台将向公安机关提供相关内容和线索,并配合公安机关的调查。

看了《抖音网络社区自律公约》以后我们发现:里面既有一些大家熟知的不能逾越的法律红线,也有一些大家平时很少注意的违规内容,比如"展示丑陋、粗俗、下流的风俗,宣扬拜金主义和奢靡腐朽的生活方式""推销或演示可能危害未成年人人身安全或健康的玩具物品的""危险驾驶""抽烟"……

所以,《抖音网络社区自律公约》是每个抖音运营人都必须牢记的规则,里面每一条的规定都值得我们认真思考,避免在做内容的时候有意或者无意地触碰到这些红线。

第十一节　教你五步包装出一个高价值抖音号

做视频和直播电商,账号是运营的根本,一个视频账号,其实就相当于你开的实体店,你的一切经营行为,都要在这个视频账号中展开。想要做好视频电商,我们就必须学会如何包装出一个高价值的账号。

账号包装一共可分为五个步骤(仍以抖音平台举例)。

第一步:账号定位

定位决定了账号的运营思路,我们要在注册之前就完成账号的定位工作。简单来说,账号定位就是确定要做什么,做什么类型的账号,用什么样的内容形式来表现。

每个人做短视频的目的都不完全相同:有的想要卖产品,有的想要品牌曝光,有的就是想成为网红……目的不同,运营思路也不尽相同,我们首先要确定自己的目的,到底是卖产品、找客户或者是想成为网红呢?

其次,抖音里面的内容分类也非常多,如:帅哥美女、娱乐、搞笑、舞蹈、穿搭、游戏、美食、美妆、旅行、汽车、宠物、体育、母婴……几乎所有细分领域都能在抖音上找到其对应的内容。

确定账号定位以后,再开始注册抖音号,账号注册过程中,同样也有几步是需要我们着重注意的。

第二步:账号昵称

昵称是用户记住一个账号最重要的要素,它的重要性不言而喻。那么,昵称有哪些讲究呢?

1. 使用通俗易懂的大众词汇

作为一款国民级 APP,抖音所面对的用户群体非常广泛,从小孩到老人,从街边小贩到公司老板,全国每天有超过 3 亿人在刷抖音,所以在这种情况下,我们账号的昵称要尽量照顾到所有的人群,让昵称通俗易懂,一看就容易被人记住,尽量不要使用太过于个性的昵称,否则就容易损失一部分用户。

如图 11.1 中:"郭聪明""高火火""惠子 ssica"都是现在抖音的头部 IP,他们的账号昵称都非常通俗、接地气。

图 11.1 通俗的账号昵称–案例

2. 使用领域专属词、高频词

首先解释一下什么叫"领域专属词"。通俗地讲,就是看到一个词,就能让人第一时间联想到相应的领域,比如,当我说到"发动机",大家就会联想到"汽车",我说"补水""保湿",大家就会联想到美妆,这个就叫领域专属词。

使用领域专属词的作用也是如此,让用户在看到你昵称的一瞬间,就知道你是做什么的。这能大大降低用户的认知成本。

如图 11.2 中的三个账号:不齐舞团,昵称中的"舞团"二字就告诉大家,他们是舞蹈领域的内容;贫穷料理也一样,"料理"二字就告诉人们他是美食领域;老丈人说车,"说车"二字就是他账号的定位——汽车领域。

图 11.2 领域专属词–案例

3. 不要造词,少用生僻字

自己造词、生僻字等情况在互联网上并不少见,很多人为了追求个性,为了让自己与众不同,喜欢使用一些别人看不懂的词作为昵称。如果是一个普通用户,这样的起名方法完全没有问题;但假如是一个有粉丝的大 V,他所要面对的人群非常广泛,那么,用这样的昵称显然就不是一个明智的选择了,因为它会增加用户的理解成本。

如图 11.3 中的这个账号,昵称是"官嬢嬢","嬢"字很多人是不认识的。如果不认识名字,想要给别人介绍她,就显得很尴尬,所以是不利于大众传播和讨论的。

4. 慎用中英文、汉语拼音组合

同样,中英文、汉语拼音组合也会增加用户的理解成本,除非特殊情况,否则也不建议大家使用。

图 11.4 中的账号,昵称起得很随意,就是两个没有代表意义的字母:ww,所以我们看这个账号的数据:11.3 万点赞,4687 个粉丝,点赞和粉丝的比例接近二十比一,这是一个非常差的数据,正常账号一般都在十比一左右。

图 11.3　生僻字账号–案例　　　　图 11.4　英文组合账号–案例

第三步:账号头像

头像也是账号设置中一个看似很基础的内容，但一个真正的优质账号,其头像一定是经过精心构思和设计的,好的头像要满足四个要求:

1. 极简风格

头像在整个手机屏幕中所占的比例较小,想要用户一眼看出你想要表达的东西,就不能太复杂,越简单越好。

2. 颜色鲜明

为了吸引用户的注意力,头像尽量选择显眼的色系,如黄色系、红色系等等。

3. 主体突出

头像的作用之一就是把昵称具象化,尤其是做产品的,除了用昵称告诉用户你是做什么的以外,头像更是可以直接将产品展示出来。但是要记住,头像既是产品展示,也是形象展示,所以,头像不能太杂乱,而要突出主体。

图 11.5 这个卖水果的抖音号,虽然他卖的水果种类有很多,但只选择一个

具有代表性的品类拍成照片作为头像,简单直接。

4. 真人头像

在网络上,人与人之间的信任显得尤为重要,而这恰好是真人头像的一大优势(图11.6),它会让用户觉得你是一个有血有肉的人,所以真人头像更容易获取用户信任。

第四步:简介

简介的主要作用是用来介绍账号,包括账号的定位、内容主题等各种能够表现账号功能和特点的内容。

这里需要着重强调的是:账号在运营初期,千万不要在简介里面留微信、QQ等站外联系方式。如图11.7中,该案例账号签名栏不仅留了微信,还直接说明"要进群加微信",这一看就是典型的带有营销性质的账号,平台肯定会对它进行限流处理。

这一点很容易理解,不管哪个平台,都不希望别人来自己的鱼塘里捞鱼。如果想要留联系方式可以留抖音自家的多闪,或者等到账号有了一定的影响力,再去留合作联系方式,千万不能让平台觉得你留联系方式就是为了营销。

图 11.5　主体突出–案例　　　图 11.6　真人头像–案例　　　图 11.7　介绍账号–案例

第五步:背景图

如图 11.8 中所示,账号主页最上面的区域就是背景图,从它所占的面积大小我们就可以看出其重要程度,不过目前的现实是依然有很多人没有意识到它的重要性，从而放弃了这么重要的一个展示位。对比图中的三个账号,"惠子ssica"没有设置背景图,单独看没什么,但跟"老丈人说车"和"兴盛鲜果"两个账号一对比,就明显感觉她账号主页最上方区域显得太空。

背景图的用法有两种:一种是展示账号的核心信息,比如达人的写真或者产品展示等,如图中"老丈人说车"的背景图;另外一种则是用文字引导用户关注,如图中"兴盛鲜果"的背景图。

做好了以上五步,也就意味着你具备了做一个具有高价值的抖音账号的基本要素了。

图 11.8 抖音账号主页背景图

第十二节 如何快速养出高权重抖音账号

在抖音运营的过程中,有这样一种现象:同样的内容,发到某个账号上,播放量很差,而发到另外一个账号上,播放量则很高。这是什么原理呢?

其实就是账号的权重不一样。

权重,是一个大家看不见又摸不着的东西,却又实实在在地存在,主要体现在视频的播放量上。

那么,如何才能快速地养出一个高权重抖音账号呢?

现在市面上有很多关于抖音养号的教程,其实,绝大部分都是没什么用处的,从严格意义上来说,养号其实是一个伪命题。

真正的养号,核心只有一个,那就是内容。只要有优质的内容,平台自然愿意给你流量。当然,除了输出优质的内容以外,我们也可以做一些额外的操作,让账号最大限度地发挥其价值。

1. 正常使用,不用刻意刷数据

市面上大部分所谓的养号方法其实也都是在尽量模拟正常用户,甚至要求用户每天看足够时长的视频,还要去点赞、评论等等。实际上,这都是对养号的过度解读。

除非你是批量做号的,需要模拟正常用户行为,保证每个账号的活跃度,否则根本不需要理会这些,用心拍好作品即可。

持续创作优质内容就是最好的养号方式。

2. 重点关注运营领域

众所周知, 视频平台的分发机制是根据用户的行为来判断用户的兴趣爱好,并以此来推送相关的内容。所以,我们在使用抖音的时候,要重点关注自己运营领域的内容,告诉系统:我对这个领域感兴趣,我专注于这个领域。

同时在发布作品的时候,标题里面包含领域关键词,引用相应的行业话题,以便系统更好地识别你的账号分类。

3. 发内容即是养号

内容就是最好的养号,养号的过程其实也就是让系统给账号打标签的过程。什么是打标签呢?通俗地讲,就是让系统对账号形成一个固定的认识。举个例子,李佳琦的标签就是美妆,祝晓晗的标签就是美妆、搞笑、生活、剧情等。

系统打标签主要就是根据视频内容、标题等信息来判断,所以,在账号运营初期,发的视频一定要垂直,让系统能够快速从你的内容、标题等信息中识别出你的标签。

所以总结起来, 所谓的养号就是三点:1. 不要刻意去刷数据, 正常使用即可;2. 重点关注自己运营的领域;3. 发优质、垂直的内容。这就是养号的核心。

第十三节　发布作品你必须知道的细节

每个做短视频的人,不管是专职运营抑或普通用户,都会发布视频,然而,即使是发布视频这么一个看似简单的操作,里面也包含了很多容易被人忽略的细节,而这些小细节就能够体现出一个账号的运营功底,细微之处见真章。

以抖音平台举例,那么,抖音视频发布过程中有哪些必须注意的细节呢?

1. 起标题

举例:起一个好的标题,就是废品视频也能成爆款,你得这么做!

看了这个标题的你,是不是很好奇讲的是什么呢?作为一个创作者,重视内容的同时更应该重视标题的重要性,一个好的标题相当于一道门,无论你内部装修得多么精美漂亮,大门破破烂烂没有美感,也很难让人走进来。但若是大门外表富丽堂皇,内部却是乱七八糟,也会带来极差的体验,这就是我们所说的"标题党"。那我们如何去平衡这个中间值,既能吸引人驻留观看,又能摆脱标题党的嫌疑呢?我们来做一个详细的案例拆解,用几个节点教你学会驾驭一个好标题。

（1）如何变废为宝？

以图 13.1 这个视频为例，如果没有标题，它有什么价值吗？拍一堆石子，要美感没美感，要特点没特点。如何通过一个标题，做到变废为宝呢？其实我们可以给这种场景一个假想，比如什么样的环境代入这个内容显得高级呢？水清澈见底，那么我们往这方面引导，效果就完全不一样了。比如我们给它起个标题为：都说水至清则无鱼，你知道这水有多深吗？

通过这样的标题引导，是不是瞬间又不一样了呢？这也正好说明了标题的重要性。视频中很多点观众无法领会，只有我们善于引导，才会产生不一样的意境。

我们也可以这么去理解，内容是黯淡无光的，标题相当于给内容添上了一抹色彩，提升了一个境界，引发了话题，勾起了用户的思考。

如果你还是不太理解，我们以图 13.2 这个案例再来做

视频 13.1 （扫码查看）

视频 13.2 （扫码查看）

图 13.1 变废为宝-案例 1

图 13.2 变废为宝-案例 2

分析:

如果只是看这个视频,根本找不出任何亮点,人长得不惊艳,场景也是一片杂乱,没有主题性,但若我们通过标题的引导,整个内容又完全不一样了。若我们给这个画面赋予一定的情感,立即变得有温度。怎么起呢?标题:老婆跟我 10 年了,如今创业失败依然不离不弃,帮忙收拾东西回老家!

加上这样的标题,是不是立即就添上感情色彩了呢?在评论区一定有很多观众评论:好好珍惜这个好女人;或者说,我不赚钱,老婆就跟我离婚了,我为何没有遇到这样的好女人……

每一个事件,每一种场景,其实都有很多故事可以引出来,为什么你总感觉你的作品平庸无味,并不是你作品不够好,而是你还没有用标题变废为宝!

图 13.3 这个视频如果让你来起标题,你会怎么起?光看内容非常普通,但是如果我们用标题引导加入故事性,作品马上就变得鲜活有力了。

标题:今天来面试,过来才发现面试官是我前女友!

当内容没有太强亮点的时候,我们就赋予它故事,而且这个故事是有话题的、有互动性的,如果有争议性,那就更好了。

(2)爆款标题公式揭秘

如果你能掌握标题的公式,起标题并不难。那标题怎么起呢?我们通常看到的标题,大多都是三段式标题或者两段式标题,不管有多少字多少句,都可以用两段或者三段概括。而且这里要注意的是,不要试图长篇大论地起标题,观众看短视频,聚焦点是在视频内容上,不会分散太多的注意力来看标题文字,太多太杂反而成了累赘。

说回正题,爆款标题的 3 个公式:

①介绍背景+抓眼球+放大争议(互动)

这个公式怎么理解呢?我们通过下面这个案例标题来解剖。

案例:这首音乐当年火遍大街小巷,勾起无数人的记忆,你想到了什么?

这个标准的三段式标题,我们一段一段地来解剖。

第一段:这首音乐当年火遍大街小巷,这段其实就是介绍了背景,从几个关键词中我们了解大致背景:"音乐""特别火"。

第二段:勾起无数人的记忆,这句的作用就是抓人眼球,一下子拉回这首音乐的熟悉感,让你驻留下来观看。

第三段:你想到了什么? 这句最大的作用,就是加强话题性,放大争议,或者说提升观众的互动性,通过这句带动观众的思考空间。

我们把这 3 段固定成一个模板,把你的内容按照这个格式起标题来感受一下,是不是更有看点了呢?

②问句开始,感叹句结束

这种类型的用法,更多是建立在内容有可看性的基础上,能为整个作品加分不少。我们要善于从视频中挖掘有意思的反问,比如这个案例(图 13.4),我们完全可以套用这个公式去执行,反问句开始,感叹句结束!

标题:一个摄影师的朋友圈是怎么样的? 太吓人了!

看到这样的标题,你是不是被引导出好奇心,想要看看

视频 13.3 (扫码查看)

视频 13.4 (扫码查看)

图 13.3 标题引导-案例 1

图 13.4 标题引导-案例 2

究竟是怎么样的,又如何吓人了? 这正是利用了观众的探索欲心理。

根据这个公式我们再尝试着起一个类似的标题吧,比如:你认为最能给女孩子加分的行为是什么?5 个行为让你变女神!

同样也是问句开始引导好奇,感叹句结束引发冲击。

③高互动性的标题

这种类型的标题非常简洁, 根据不同的类型决定怎么起,我们来看看案例(图 13.5)。

想要获得高评论,促使内容成为爆款,我们要最大化利用好观众的互动性,让我们的评论区炸锅。

比如惠子这个标题:大声点,叫——婆。只是简单的 5 个字,就足以引爆评论区,评论区无数的宅男和大叔纷纷评论:老婆!

当然了,想要引爆评论区,也不一定非得用这种类型的,只要能掀起互动性的都可以(图 13.6)。

视频 13.5 (扫码查看)

图 13.5 高互动性–案例 1   图 13.6 高互动性–案例 2

标题:说一句话让我回复你

不少的观众可能都在绞尽脑汁想神评论,也能把评论区炸锅。

其实起标题并没想象中的那么难,根据不同类型的视频,灵活用好以上这几种类型的标题,一定会成为一个优秀的爆款作品创作者。

当然,起好一个标题并非去做一个标题党,起标题时也应该考量,标题和内容有没有什么关联,如果没有,就有标题党嫌疑。不但不能为你的作品加分,反而会大大减分!

2. 标题中 @ 好友

@ 好友功能在很多平台都有,而抖音里面的 @ 好友功能如果用得好,更是可能给视频带来意想不到的效果。

第一种用法:@ 抖音小助手。抖音小助手是抖音官方账号,发布视频的时候在标题里面 @ 抖音小助手相当于跟抖音小助手说"我发视频啦"(图 13.7),如果你的视频内容优质,那么就有可能得到抖音小助手的推荐。

第二种用法:@ 名人大号。抖音上有一个功能叫作"合拍",也就是跟其他人

图 13.7　@ 抖音小助手–案例　　　图 13.8　@ 名人大号–案例

的作品拍互动视频,尤其是一些名人,比如罗志祥,就经常发布一些可以合拍的视频,吸引粉丝去跟他合拍。大家在合拍后发布的时候往往就会在标题里面 @罗志祥,如果拍的作品优质,就可能得到罗志祥的转发,从而给账号带来巨大的流量。还有周星驰导演,在宣传自己新电影的时候,也蹭热门,弄了个当时非常火的"干什么去呀,能不能不上班呀,不上班我养你呀"的合拍。再比如抖音上一个非常火的人李雪琴(图 13.8),因为常在视频里面 @吴亦凡,后来吴亦凡拍视频回复她,给她带来百万粉丝。

3. 标题中 #话题

话题是视频重要的流量来源之一,话题其实相当于一个单独的流量池,发布视频的时候在标题里面添加 #话题以后,视频除了系统本身的推荐流量以外,话题也能带来一部分流量(图 13.9)。

例如,在发布一条办公室搞笑视频的时候(图 13.10),标题中就可以添加 #办公室等话题,我们手动输入"# 办公室"的时候,系统还会给我们推荐其他跟办公室相关的话题,如:# 办公室日常、# 欢乐办公室,而且还准确地给出了每一个

图 13.9　标题中 # 话题–案例 1　　图 13.10　标题中 # 话题–案例 2

话题的热度。

我们可以根据系统的下拉提示,选择跟视频内容相关性强、同时热度比较高的话题。

4. 视频封面

在抖音里视频封面是在上传视频的时候手动从视频中选择一小段视频作为封面的,打开一个账号的主页就会发现视频封面其实是动态的,时长大概在0.5秒。

也就是说,想要让账号主页看起来整齐划一,最简单的方法就是拍摄的时候让视频中有一段时间的画面、场景或者构图相似,然后把这段时间的画面当作封面;当然如果有美工,也可以单独给视频做一个封面,放到视频里面并让封面持续1秒左右的时间,上传的时候选择这张图片作为封面(图13.11)。

这样,我们的账号就有相对统一的封面模板,账号主页风格就能够统一,不会杂乱无章。

特别提醒:在快手里面,视频是以瀑布流的形式展示给用户的,因此视频封面是否吸引人,是决定用户是否会点开视频的重要因素,要做好快手,就要更加重视视频封面的吸睛效果。

5. 定位功能

定位也是抖音视频里一个非常有用的功能,在视频发布页面,有一个"添加位置"的选项,点开以后就能够定位到当前的位置(图13.12)。

这个功能最重要的作用是什么呢?主要有两个功能,第一,可以增加视频在本地的推荐量,也就是增加附近的人刷到的概率;第二,可以用来给线下实体店铺推广引流。

线下餐饮、服装等实体店铺,除了极少数名气较大的能够吸引外地人进店以外,绝大多数中小型店铺,只能吸引店铺附近的客流进店。定位功能可以精准定位到某一个店铺,而且,当发布的视频添加了位置信息以后,视频会被优先推荐给这个定位附近的人,如果账号能够持续输出内容,那很容易就能在小范围地区形成影响力,吸引附近的人进店,给店铺带来客流,甚至有可能把店铺打造

图 13.11　视频封面–案例　　　　图 13.12　定位功能–案例

成一个区域网红店。

6. 发布时间

视频发布时间主要集中在流量高峰期，这样就有更大的概率被更多人看见，流量高峰期主要指的就是人一天中的休息时间，比如中午下班时间、晚上下班到睡觉这段时间，也就是 12:00—13:00，17:30—19:00，以及 20:00—22:00，另外 5:00—7:00 也是一个小高峰，因为很多人有醒了躺着看手机的习惯。

这几个时间段人们往往比较清闲，愿意花时间来刷视频、看直播，所以流量高。因此，视频的发布时间最好就放在这几个时间段。

同时，一个账号的发布时间和发布频率也最好固定，比如一个账号每天发布一条视频，固定在 19:00 发布，那么时间一长，粉丝就会形成习惯，知道他的发布规律，每天一到这个时间就会准时来看他的抖音，这样一来，视频冷启动阶段的数据就会非常好，就更容易获得高流量。

这些看似简单、很容易被人忽略的小细节，只要我们能够多去分析，多去研究,并灵活运用,就能给视频带来意想不到的效果。

重要提示:在开直播之前和开直播的过程中发布爆款视频,会大大增加直播间的人气。

第 五 章

制作 篇

小白如何制作出自己的第一个作品

◂ ◂ ◂ ◂ ◂ ◂

第十四节 拍摄短视频和直播需要哪些装备

新人刚进入短视频,因为对短视频拍摄认识不足,很容易走入两种极端误区:一种是把短视频想得过于简单,认为只要随便拍拍就能火,就能成为网红;另一种则是把短视频想得过难,以为拍短视频需要大量人力物力的投入,需要有非常专业的设备和专业的团队才能做。

这两种想法都是有问题的,容易导致的结果就是:要么一直在不停地拍拍拍,但效果不好;要么一直在看,一直在犹豫,始终不开始做。

想要快速进入短视频,我们需要先对短视频的拍摄有一些基础的认识和了解。

抖音的 slogan 是"记录美好生活",快手的 slogan 是"记录世界记录你",既然是记录生活,那么它对短视频的拍摄、制作等要求自然不可能像长视频甚至电影、电视剧那么高,尽管随着短视频行业自身的发展,抖音里的内容创作者已经越来越专业化,但整体而言,抖音,依然还是那个全民参与的抖音,快手还是那么接地气、那么真实。因此,每个人都有在短视频里一展才华的机会。

短视频拍摄的难度可大可小,抖音里既有专业的影视从业人员,他们有专业的团队,能够制作出精良的高质量视频;也有对短视频一知半解的普通人,一部手机可能就是他们全部的设备;而大部分小团队则是介于这两者之间。

这里介绍一下小团队拍摄短视频的时候所必需的几个设备。

1. 拍摄机器

拍摄机器是最基础的设备,主要有手机和相机两种。

手机的优势是性价比高、操作门槛低、使用灵活,不足之处则是画质比相机要差一些。由于短视频主要是在手机端观看,对画质的要求并不是特别高,加上如今随着技术的发展,手机的视频拍摄功能也有了很大提升,目前市面上大部分手机的视频拍摄功能都能够满足需求。对刚起步的非专业小团队来说,手机其实是不错的选择;相机的主要优势就是画质,但相机操作难度和价格相对较高。

2. 三脚架

三脚架的主要作用是在拍摄的时候稳定手机或者相机,在固定机位拍摄的时候,往往就要用到三脚架,长时间手持手机或者相机拍摄,很容易造成画面抖动,影响观看效果甚至造成素材不可用。

图 14.1　拍摄设备　　　　　　**图 14.2　三脚架**

3. 麦克风

音频是很多初入短视频行业的人容易忽略的一个地方,新人在拍摄视频的时候往往直接采用手机或者相机系统自带的录音功能进行录音,这样拍出来的视频声音往往噪声非常大,而且,随着人离拍摄机器的距离不同,声音也会忽大忽小,会给观众造成非常不好的观看体验。

短视频拍摄常用的麦克风有指向性麦克风和无线领夹麦克风两种。第一种,指向性麦克风。通俗地讲,指向性麦克风就是指它只对某一个方向的声音信号敏感,而对除了这个方向以外其他方向的声音不敏感,所以能够较好地抑制周围的环境噪声,收录更清晰的人声。所以指向性麦克风在短视频拍摄领域运用非常广泛。

第二种,无线领夹麦克风,也被称为"小蜜蜂"。无线领夹麦克风由发射器和接收器组成,发射器在被拍摄人物身上,接收器连接在手机或者相机上,由于是无线连接,比较适合较远距离或者演讲式的拍摄场景。

图 14.3　麦克风(指向性和无线领夹)

4. 补光灯

补光灯同样也是初入短视频行业的人容易忽略的设备,我们在短视频的实际拍摄中,往往会遇到光线不足的情况,尤其是在室内、地下室或者其他光线较暗的环境中,补光就显得尤为重要。

在选择补光灯的时候,如果经常出外景拍摄,那么建议选择带电池的便携式的补光灯,体积小并且携带方便。

以上四种设备可以说是短视频拍摄中最基础的设备,除了这几种设备以外,还有一些可能会用到的设备。

图 14.4　补光灯　　　　　　图 14.5　手持稳定器

5. 手持稳定器

手持稳定器的作用是在拍摄移动画面时,用来辅助保持手机或相机画面稳定的设备。固定机位的拍摄有三脚架来稳定拍摄机器,而在移动拍摄的场景中,往往就需要用到稳定器了,如果不采用稳定设备,只靠手持拍摄的话,移动画面晃动往往会很严重,造成非常不好的观看体验。

所以,如果有大量移动镜头拍摄的需求,手持稳定器也是一个非常重要的设备。

此外,如果拍摄机器是相机,那么还需要准备充分的备用电池、高速 SD 卡等配件。

而直播所需要的装备,基本就是一部手机、一个三脚架,对颜值有要求的买个美颜灯,想让自己声音好听一点、直播间氛围好玩一点的可以买一套直播声卡。

第十五节　如何快速拍出高品质短视频

一、基础理论知识

要想拍出优质的短视频,首先我们要了解视频拍摄的几个基础理论知识:曝光、对焦、构图、景别、拍摄角度等,其中曝光、对焦、构图又被称为摄影三要素。

1. 曝光

所谓曝光,就是指在拍摄过程中,进入镜头照射在感光元件上的光量。在相机上,曝光由光圈、快门、感光度(ISO)三者组合来控制(图 15.1)。关于光圈、快门、感光度对曝光的作用效果,这里就不多做介绍,有兴趣的话可以去单独学习。

如果光线太强,就可能造成画面太亮,高光部分细节丢失,也就是过曝;相

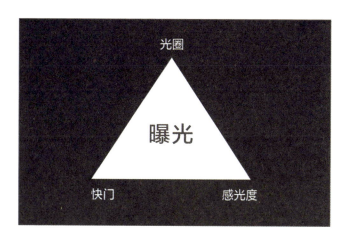

图 15.1　曝光

反,如果光线太暗,则可能造成暗部细节丢失,也就是欠曝。

　　我们在明暗对比强烈的环境中拍摄就经常会出现过曝或者欠曝的情况。大家看这三张图(图 15.2),同一个环境,第一张图上的云能够看清楚,但是湖面以及远处的树则变成漆黑一片,啥也看不到;而第二张,树林可以看清楚,但天空则过曝了,变成了一片白色,云已经看不清了;只有第三张,天上的云可以看清楚,远处的树也能够看清楚,这就是正确曝光。

　　手机拍摄相对而言操作更加简单,所见即所得,如果感觉画面曝光不准确,可以通过点击屏幕上的被摄主体来调整曝光。

　　所以我们在拍摄视频的时候,就是要做到正确曝光,保证画面不丢失细节。

图 15.2　曝光-案例

2. 对焦

对焦是指使用相机时调整好焦点距离,通常数码相机有自动对焦、手动对焦和多重对焦等对焦方式,而手机拍摄的对焦操作相对来说就简单很多,往往是通过屏幕来实现对焦。

3. 构图

一个画面,是否协调,是否简洁,直接影响用户的观感。而好的构图可以增强画面的表现力,让用户看起来更加舒服。

什么样的构图算是好的呢?答案是:主体突出、主次分明、画面简洁明了。

说得通俗一点就是:第一,画面不要太杂乱;第二,要让观众一眼就能看出来画面中谁是主角,谁是配角。

如果做不到这两点,就说明你的构图是有问题的。

构图方法非常多,常用的有三分构图法、中心构图法、对称式构图法、引导线构图法、框架式构图法等等。

(1)三分构图法

三分构图法就是在拍摄的时候将场景用两条竖线和两条横线分割 (图15.3),就如同书写中文的"井"字。这样就可以得到 4 个交叉点,然后再将需要表现的重点放置在 4 个交叉点中的一个即可。

三分构图法表现鲜明、构图简练,是摄影最常用到的构图方法之一。

图 15.3　三分构图法

(2)中心构图法

中心构图法是将主体放置在画面中心进行构图(图15.4)。这种构图方式的最大优点就在于主体突出、明确,而且画面容易取得左右平衡的效果。

中心构图法相对最简单,所以也是新人最常用的构图方法之一。采用中心构图法的时候,拍摄主体要相对饱满,所占比例稍微大一些,且背景要干净。

图15.4　中心构图法

(3)对称式构图法

对称式构图法就是以一个点或一条线为中心(图15.5),两边形状和大小一致且对称,对称式构图具有平衡、稳定、相呼应的特点,缺点是呆板、缺少变化。

(4)引导线构图法

人眼对线条有着天生的敏感,尤其是具有明显方向性的线条。利用一组或多组线条,可以有效吸引、引导观众的视线,称之为视觉引导线(图15.6)。

引导线的作用主要有以下几点:①引导视觉焦点,突出主体,烘托主题;②使画面更有空间感和纵深感;③让画面更有代入感;④让远近处的景物互相呼应,使画面整体更加饱满。

图 15.5　对称式构图法

图 15.6　引导线构图法

(5)框架式构图法

框架式构图法,顾名思义,就是在被拍摄物前用前景景物做一个"框架",形成某种遮挡感。框架式构图(图 15.7)有利于增强画面的空间深度,将观众的视线引向框架内的景物,突出主体。

除了以上五种构图方法以外,摄影中还有很多其他的构图方法,大家可以在拍摄中慢慢学习掌握。

图 15.7　框架式构图法

4. 景别

景别指的是在拍摄时候由于拍摄机器与被拍摄对象之间的距离不同或者用变焦镜头摄成的不同范围的画面,造成被拍摄对象在画面中所呈现出的范围大小不同。

景别的划分,一般可以分为 5 种,由远到近,分别是远景、全景、中景、近景和特写。景别越大,环境因素越多,观众观看时,就越冷静;景别越小,强调因素也就越多。

(1)远景

远景主要是用来表现环境和被拍摄对象之间的关系、人物及其周围广阔的空间环境、自然景色和群众活动大场面的镜头画面,所以人物在画面中所占的比例很小,通常都不到画面高度的一半(图 15.8)。

图 15.8　远景

（2）全景

全景用来表现场景的全貌与人物的全身动作，能够较好地展示故事当下发生的环境，或者被拍摄主体的外部形象，所以画面通常包含了人物的全身（图15.9）。

图 15.9　全景

（3）中景

中景画面的下沿一般在人物的膝盖左右部位，但一般不要正好卡在膝盖位置，因为画面卡在关节位置是摄影构图所忌讳的。同理比如脖子、腰关节、腿关节、脚关节等位置也不行。

中景是所有景别中叙事能力最强的一种,能够很好地表现人物身份、动作以及动作的目的(图 15.10)。

图 15.10 中景

(4)近景

近景画面的下沿一般在人物的胸部位置(图 15.11)。

近景是将人物或被摄主体推向观众眼前的一种景别,着重表现人物的面部表情,传达人物的内心世界,是刻画人物性格最有力的景别。

图 15.11 近景

（5）特写

画面的下沿在成人肩部以上的头像，或其他被摄对象的局部称为特写镜头。

特写镜头可以提示信息、营造悬念，能细微地表现人物面部表情、刻画人物、表现复杂的人物关系，它具有生活中不常见的特殊视觉感受，主要用来描绘人物的内心活动（图15.12）。

图 15.12　特写

5. 轴线规则

轴线就是指被摄者的动线方向、视线方向以及他与其他被摄者之间位置关系的连线，轴线规则指的是拍摄过程中，摄像机都要保持在轴线的一侧来进行

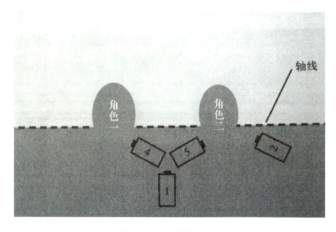

图 15.13　轴线规则

拍摄。

遵守轴线规则拍摄能够保证两组画面相接时，画面中的人物视向、被摄对象的动向以及空间位置上的统一定向（图15.13）。

最简单的例子就是球赛转播时，摄像机机位永远都在球场的一侧拍摄，如果突然跳到另一侧拍摄的话，就容易给观众造成混乱。

以上是拍摄的一些基础理论知识，对于刚接触短视频拍摄的人来说，掌握这些理论知识后，能够更好地理解短视频拍摄。

二、拍摄技巧

摄影机在运动中拍摄的镜头称为运动镜头，也叫移动镜头。主要有两种拍摄方式：一种是相机安放在各种活动的物体上；一种是摄影者拿着，通过人体运动进行拍摄。常见的运动镜头有推镜头、拉镜头、摇镜头、移镜头、跟镜头、升镜头、降镜头等。

1. 推镜头

是指人物位置不动，镜头从全景或别的景位由远及近向被摄对象推进拍摄，逐渐推成人物近景或特写的镜头，它的主要作用在于描写细节、突出主体、刻画人物、制造悬念等（动图15.14）。

动图 15.14 （扫码查看）

动图 15.14 推镜头

2. 拉镜头

是指人物的位置不动,摄影机逐渐远离拍摄对象,使人产生宽广舒展的感觉,有利于表现主体和主体所处的环境之间的关系(动图 15.15)。

动图 15.15 (扫码查看)

动图 15.15　拉镜头

3. 摇镜头

是指摄影机放在固定的位置,摇摄全景或者跟着拍摄对象的移动进行摇摄(跟摇),它常用于介绍环境或突出人物行动的意义和目的。左右摇一般适用于表现浩大的群众场面或壮阔的自然美景,上下摇则适用于展示高大建筑的雄伟或悬崖峭壁的险峻(动图 15.16)。

动图 15.16 (扫码查看)

动图 15.16　摇镜头

4. 移镜头

是指摄影机沿水平面做各个方向的移动拍摄,可以把行动着的人物和景位交织在一起,它可以产生强烈的动态感和节奏感。移动镜头表现的画面空间是完整而连贯的,摄影机不停地运动,每时每刻都在改变观众的视点(图 15.17)。

动图 15.17 (扫码查看)

动图 15.17 移镜头

5. 跟镜头

又称"跟拍",是摄影机跟随运动着的被摄对象拍摄的画面,它可造成连贯流畅的视觉效果。跟镜头可以连续而详尽

动图 15.18 (扫码查看)

动图 15.18 跟镜头

地表现角色在行动中的动作和表情，既能突出运动中的主体，又能交代主体的运动方向、速度、动态及其与环境的关系，使主体的运动保持连贯，有利于展示人物在动态中的精神面貌(动图 15.18)。

6. 升降镜头

上升镜头是指摄影机从平摄慢慢升起，形成俯视拍摄，以显示广阔的空间;下降镜头则相反。它们大多用于拍摄大场面的场景，能够改变镜头和画面的空间，有助于加强戏剧效果(动图 15.19)。

动图 15.19　(扫码查看)

动图 15.19　升降镜头

以上是一些常见的镜头运动方式，镜头是讲故事的方法，并没有绝对的对与错，我们拍摄的时候一定要多去练习、多去尝试，要敢于打破常规，多推翻，多尝试，最后总会找到适合你的角度和方式。

第十六节　短视频剪辑工具介绍

随着网络的发展,视频剪辑这个工种已经越来越普及,尤其是在互联网行业,近几年短视频的兴起,使得进入这个行业的门槛越来越低,很多个人创作者都进入了这个行业。

图 16.1　常用剪辑软件

电脑端常用的专业视频剪辑软件主要有 Adobe Premiere 和苹果开发的 Final Cut Pro(仅支持苹果系统),特效软件有 Adobe After Effects 等。

除了专业的视频剪辑软件外,也有一些操作更加简单的剪辑软件,如快剪辑、爱剪辑、绘声绘影等,这些软件虽然操作比较简单,但功能有限,一般不太建议使用。

现在随着短视频的兴起,更是慢慢让剪辑平台从电脑端转移到了手机端。

很多个人创作者,尤其是一些旅拍作者,就喜欢用手机随拍随剪,非常方便。当然,相比电脑端的剪辑软件,手机剪辑软件在功能以及操作上,都有很多限制,但胜在方便。目前用得较多的有快剪辑、快影、剪映、InShot、iMovie

等,手机剪辑软件的开发相比电脑端来说难度更低,所以软件更新比较快。

视频剪辑部分内容较多,详细介绍需要占用大量的篇幅,另外视频剪辑属于实操性内容,用文字很难讲明白,在此不再介绍。

此外,短视频剪辑跟传统电影、电视剧或者广告片的剪辑有很大区别,剪辑人员除了需要具备专业能力以外,还需要对短视频有一定的了解,需要适应短视频的剪辑节奏,所以团队在招聘剪辑人员的时候需要注意,最好能够直接招聘到有短视频剪辑经验的人员(目前比较紧缺)。而现实中招募到的,基本都是做企业宣传片或者婚礼摄像的,他们对视频的理解有自己根深蒂固的理念,如果没有专业的运营人员教,很难胜任。

CHAPTER

第六章

内容

详解短视频十大内容生态

◄ ◄ ◄ ◄ ◄ ◄

第十七节 "情、趣、用、品"——短视频内容生态解析

很多人都困惑,每次刷抖音、快手,为什么一刷就是几个小时,甚至一不小心就到凌晨。细心的朋友会发现,抖音作品里经常有这样的评论:"都已经 4 点了,还有跟我一样在刷抖音的朋友吗?"跟着就有人回复:"再坚持 2 个小时就天亮了,不用睡啦。"

这就是抖音的魔性,很多人说它是精神毒品,甚至不敢用抖音。那么抖音为什么有这么大的魔性呢?

回想一下,我们什么时候会感动?因为有代入,因为有共鸣,因为触动了我们内心。不管是看书、看电影,或者在生活中,其实能够触动我们、让我们感动的瞬间是很少的,看一部电影需要两个小时,看一部电视剧需要很多集才能有那么一个瞬间让我们感动。

而抖音不一样,在抖音里一上来就是瞬间,瞬间就是永恒,瞬间就是光芒。每个视频只有十几秒到几十秒,上来就直接高潮,并且抖音是感人瞬间的合集。这个瞬间就是把我们人世间最美好的一面、最感人的一面、最能触动内心的一面浓缩在这一瞬间里绽放出来,使得我们每个人瞬间被感动。

既然抖音是感人瞬间的合集,那么做抖音就离不开一个"情"字。如果整体对抖音内容进行概括的话,其实就四个字:"情、趣、用、品"。

1. 情:抖音上的作品,绝大多数都在打感情牌,亲情、爱情、夫妻情、同事情、侠义情、父子情、爱国情等。

爱情:爱情是一个永恒的话题,也是我们人类超越动物的一个重要表现。有史以来,关于爱情的故事都是最受人们喜欢的,《罗密欧与朱丽叶》《梁山伯与祝英台》《白娘子》等优秀爱情故事数不胜数。

因此,爱情题材的内容,也是抖音、快手里最为普遍、受众非常广的一个主

题。"七舅脑爷"是一个具有 3000 多万粉丝的大 V,也是一个爱情主题的 IP,人们对"七舅脑爷"的评价就是:比自己男朋友更能满足自己对男朋友的美好想象。

视频 17.1 这个作品,表现的是帅气的"七舅脑爷"对自己女朋友无微不至的关怀场景,"因为我知道,只有这样才能更好地保护她",融化了多少女孩子的心,收获了 83.4 万个赞和 1.2 万次的转发。有多少小姐姐看到这样的作品后,会转发给自己的男朋友看。

视频 17.1 (扫码查看)

图 17.1 七舅脑爷-案例

另一个爱情方面的经典案例是"幺妹儿"(图 17.2),一个声音非常甜美的小姐姐,每次都在昏黄的路灯下,说一段爱情的感言,昏黄的路灯再配上可以产生共鸣的音乐渲染,在很短的时间里也让她收获了 800 多万粉丝。

"其实男生在恋爱当中失望的情绪真的不会比女生少,只是他们没有办法坦然地说出自己的失望和难过,在爱与被

视频 17.2 （扫码查看）

图 17.2　幺妹儿–案例

爱、责任与义务、付出和回报之中，不要总拿男女来区别，也不要总以为男生该做什么，女生该做什么，你要记得所有人都值得被爱。"

　　一个美女小姐姐为恋爱中的男同胞发声，说出了他们所承受的失望情绪并且无法发泄的痛点，收获了 125.7 万个赞，播放量在 3000 万以上。

　　所以，爱情是做短视频一个永恒的主题，非常容易火。

　　亲情：亲情又分为父子情、父女情、母女情、母子情、兄妹情、祖孙情等。每个人生活在这个世界上，都被亲情所包围着、保护着，父爱和母爱是这个世界上最伟大最无私的爱，也是最容易引起共鸣、触发内心深处感动瞬间的题材。

　　"路边小郎君"这个号，专门拍摄一些生活中的感人画

视频 17.3　(扫码查看)

图 17.3　路边小郎君-案例 1

面，到目前也收获了近 1300 万粉丝。视频 17.3 这个作品描述的是一个正在上学的儿子，在父亲生日那天去给打工赚钱的父亲过生日，准备给父亲一个惊喜，结果看到父亲蹲在工地的角落里吃着馒头就咸菜，却骗儿子说自己在吃大餐，老板请客。看到那一瞬间，我的眼泪瞬间就流了出来。

视频 17.4 这个作品是展示父女情的，中午 12 点父亲带女儿去饭店吃面，结果父亲只点了一碗面给女儿吃，自己

视频 17.4　(扫码查看)

图 17.4　路边小郎君-案例 2

坐在那儿一直喝水。女儿吃过后借故出去了,父亲看女儿走了,马上拿出随身带的馒头,泡在汤里开始狼吞虎咽,真真切切地表达出了父爱的伟大与无私。这个作品收获点赞 341.7万、评论 13.2 万、转发 15.7 万。

夫妻情:夫妻情最优秀的案例是"忠哥",作品始终是一个都市小男人怕老婆的剧情,通过怕老婆的内容,把夫妻之间的温情和对老婆的忍让与爱展示得淋漓尽致,目前也已经有 1600 多万粉丝。

视频 17.5 这个作品,老婆因为打游戏输了,心情不好而拿忠哥撒气,点睛之笔在"男人把脾气发出来那是本能,男人把脾气压下去才是本事"。对于这样一个不讲理的老婆,忠哥都能忍受,还疼着爱着,这满足了无数已婚或者未婚女士对自己能有一个无条件宠自己爱自己老公的幻想和期待。仅转发都已 20 万,足见有多少用户转发给自己的老公或闺蜜看。

视频 17.5 (扫码查看)

图 17.5　忠哥–案例

另外忠哥在直播上做得也非常优秀，开直播才几个月时间，目前音浪已经 5 亿多 (每个音浪 0.1 元)，仅此一项直接收入就有 3000 万左右。虽然自己没有直接带货，而是通过连麦的方式帮别人卖货，赚取服务费和佣金，收入也是相当高的。

图 17.6 这个账号叫"菲小主"，作品的标题是"吵架第 33 天，不让吃饭，吃啥剪啥……"，吵架都 33 天了，还在怄气，不赔礼道歉不让男朋友吃饭，同样满足了小姐姐们对自己也能有这样一个疼自己、包容自己的男朋友的幻想。

视频 17.6　(扫码查看)

图 17.6　菲小主–案例

师生情：师生情也是一个有着广泛共鸣和话题的题材，尤其是每年的毕业季，这种题材的内容播放就会到达最高点。

视频 17.7 这个作品，毕业时候，学生在黑板上向老师请假，"我们因毕业，请假时间永远，望批准"，老师一边擦泪一

视频 17.7（扫码查看）

图 17.7　师生情–案例

边写下"同意"，那一刻一样能触发很多人对学生时代的回忆，有甜蜜的、美好的，也有调皮的、后悔的，尤其是正在面临毕业的人。

怀旧情：每个成年人都会有一个怀旧情怀，看到自己小时候因为没钱买而馋巴巴的小零食，或者小时候记忆深刻的某个电影、某个动画片、某个那个时代的特殊记忆，当看到这些内容的时候，就非常容易唤起美好的回忆。而当这种情绪被唤醒的时候，就会情不自禁地去留言、评论和转发，如果利用这种情怀来卖产品的话，成交转化也很不错。

为什么每个人都怀念青春，不是因为青春有多么美好，而是自己也曾经年轻过。

视频 17.8 这个作品是一家卖零食的实体店铺，我们看到他用抖音的 POI（信息点）功能标注了自己的店铺位置"小时代（万达店）"，视频的内容"听说这家店会让很多

70后、80后找到小时候的味道,铺子不大却装满了各种零食,五毛一袋的黏牙糖还是那么黏牙,曾经五毛一袋的无花果吃起来还是那么有味……",看完这样的视频后,有没有想去购买的冲动呢?

视频17.8 (扫码查看)

图17.8 怀旧情-案例

动物情:动物是人类的好朋友,尤其是猫和狗。随着人们生活节奏越来越快,为了缓解焦虑,寻找精神寄托,越来越多的人开始养宠物,对宠物的感情甚至超越了亲人。所以拍摄动物好玩、卖萌、可爱、忠诚、感人的瞬间,也非常容易出爆款。

"会说话的刘二豆"(图17.9)是抖音宠物类第一大号,粉丝近5000万,作品全部以拟人化形式,把捕捉到的宠物日常好玩瞬间记录下来,然后编写好玩的剧本。视频17.9这个作品点赞948万、转发21.2万、播放量1亿以上,可见喜欢宠物的人群有多庞大。

视频 17.9 (扫码查看)

图 17.9　动物情–案例

侠义情:每个中国人心目中都有一个侠义情结,当我们看到处于社会底层的人,看到他们工作条件艰苦、生活困难,但又自强不息的时候,内心便会升起一种要帮助他们、要救他于水深火热的侠义情怀;当看到生活如此不易的人还如此地拼搏努力、自强不息的时候,往往会慷慨地为其点赞,虽然没有给予实际的帮助,但内心会有很强的成就感。这也是此类作品容易成为热门的一个重要原因。

图 17.10 这个叫"强少"的账号,是一个外卖小哥,视频很短,一个简单的见义勇为的场景,点赞 114.4 万,用户就是通过给他点赞这样一个动作来支持他的侠义行为。

"安徽彭姐"(图 17.11),她的简介是这么写的,"80 后夫妻一起跑 13 米卡车,拍视频是记录我们卡车日常生活"。而视频 17.11,就是她在跑车的途中,在卡车驾驶室里拉上窗帘,准备休息的场景,收获了 208.2 万个赞。她这个账号之

视频 17.10　（扫码查看）

图 17.10　侠义情–案例

视频 17.11　（扫码查看）

图 17.11　安徽彭姐–案例

所以火,有三点原因:一、彭姐有一定的颜值,给用户造成反差,没想到漂亮的小姐姐居然是跑货车的;二、了解过货车司机生活的人都知道,跑车路上是很辛苦的,而彭姐表现出来的乐观和积极的生活态度,触发了用户的侠义情怀;三、一些用户会心理不平衡,这么漂亮的小姐姐,居然嫁了一个货车司机。

军民情/警民情:看过电影《烈火英雄》的人,都会被影片中消防员为了保护人民的生命财产安全而奋不顾身、视死如归的情节所感动,为其点赞。军人、警察、消防员、应急抢险等这些特殊的职业,他们的工作都非常辛苦且危险,可是大众平时很少能接触到,当通过短视频看到这些真实场景的时候,往往就会触发大众对他们的敬仰之情(图 17.12)。

视频17.12 (扫码查看)

图 17.12　军民情–案例

大国情:每当我们看到反映伟大祖国崛起内容的时候,内心便会升起一种强烈的自豪感,为祖国点赞,为祖国加油,因此,只要是大国主题的内容,一般都是爆款(图 17.13)。

在看《战狼》的时候,军舰上导弹齐发的那一瞬间,还有高举五星红旗安全通过战区的那一刻,有多少人在电影院里泪流满面。

正能量:每个人都希望我们这个社会更和谐一点、更融

视频 17.13 （扫码查看）

图 17.13　大国情–案例

视频 17.14 （扫码查看）

图 17.14　正能量–案例

洽一点、更热情一点,因此,所有的正能量内容都会受到用户的点赞支持,都会很容易成为爆款。另外,正能量作品也是抖音平台权重很高的一个内容板块,很容易成为爆款。

视频 17.14 这个作品以一个小伙子穿着清洁工衣服扫地的场景开始,被人误解年纪轻轻干这么差的工作,没有出息,然后反转,他是在帮助腿受伤的清洁工阿姨扫地,最后再反转,开着自己的豪车离去,直到最后那句"看人不要只看表面,做人要学会尊重"把剧情推向高潮。如此简单的一个正能量作品,点赞达上百万。

2. 趣:抖音以音乐社区起家,基因上是一个娱乐平台,虽然后来内容越来越丰富,但是内容有趣依然是抖音作品的主旋律。有料没趣的人火起来的可能性不大,而有料有趣的人一定会火起来。

视频 17.15 是抖音拍同款对口型的作品,内容看起来非

视频 17.15 (扫码查看)

图 17.15 对口型–案例

常简单，但这条视频却收获了 64.3 万的点赞量，评论达到 2.6 万，最主要的原因就是主人公的表情非常夸张到位，非常具有感染力，用户看完很容易就会被他所感染，会心一笑。

视频 17.16 是一个反转类作品，女生生了一天气，男主角说出去吃点饭吧，手机钱包都不用拿，走到门口，女生问吃什么？结果等女生出了门，男主角却把门关上了。虽然作品有点恶搞，导向不够正向，但还是获得了很多点赞，原因就是有反转。

视频 17.16 （扫码查看）

图 17.16　反转类–案例

"很多男人在找对象的时候都会首先选择漂亮的女生，但是在这里我想说，随着年龄的不断增长，和阅历的不断累积，你终归会认识到，漂亮并不是选择伴侣的唯一条件，性感也很重要。"

"老黄鸡汤"（图 17.17）的每一个作品，都是这种反转的段子，最后配上一段尬舞，属于卖丑型的，但也有不少的粉丝。

图 17.17　老黄鸡汤–案例

搞笑段子是抖音里占比最大的一个类别（图 17.18），也是最容易出爆款的内容类型，因为每个人的人性里都是寻找快乐、逃避痛苦的。但是拍段子也有一个坏处，如果没有特色，没有颜值，没有让用户关注的理由，那么涨粉率就比较低。

3. 用：用有两方面的理解，第一用户喜欢的内容，第二对用户有用的内容。用户喜欢的内容范畴非常广泛，也是平台算法判断作品是否优质的首要标准，我们将留到爆款篇详细为大家讲解。而对用户有用的内容，如生活妙招、英语技巧、商业知识等，都是涨粉和点赞率非常高的内容。

抖音上有很多教人做菜的账号，而"麻辣德子"（图 17.19）是其中最为优秀的一个，他的广告语就是"如果你想吃什么不会做，请关注我麻辣德子"。这样的作品受众广泛，几乎每个人都很需要，因此，关注和点赞量都非常高。

视频 17.18 （扫码查看）

图 17.18　搞笑段子–案例

视频 17.19 （扫码查看）

图 17.19　麻辣德子–案例

生活中,往往会有很多的苦恼一直困扰着我们,无法解决,如图 17.20 这种生活妙招技巧类的内容就非常实用,而且内容一般看一遍记不住,用户就会保存下来以后备用,于是就会点赞、关注或者转发、收藏,这类作品就很容易成为爆款,而且涨粉率非常高。

视频 17.20 (扫码查看)

图 17.20 生活妙招–案例

如图 17.21 这个案例也属于有用范畴,"千万不要对孩子说这几句话,不然会毁了孩子的一生",对每一个家长都有用,但内容中有好几条要点,用户看一遍肯定记不住,于是就会点赞、转发、收藏、关注。

4. 品:即品位、品测。整个抖音生态本质上就是一个生活的秀场,既源于生活,又高于生活,因此你的内容要记录生活,同时生活中还需要有亮点、有感动、有精彩、有代入、有共鸣,这就是品位。而品测,指的是各行业达人对产品和服务以专业角度进行的评测。现在产品和服务太多了,其中还充斥

视频 17.21 （扫码查看）

图 17.21 陈老师亲子教育–案例

视频 17.22 （扫码查看）

图 17.22 猫姐–案例

着无数欺骗,消费者根本无从选择,大家都需要各领域的专业人士来帮助自己做选择。

每天健身,保持一个良好的身材和身体,是很多人追求的品质生活,但因为生活的种种原因,能够真正去追求的人却只能是少数,图 17.22 这个案例就是做了大多数人想做却又没能做的事情,即品质的范畴。

"末那大叔"(图 17.23),一个生活精致、充满品位的老先生,老了还能把生活过得如此有品位,可以说是无数普通人梦想中的老年人生活,因此俘获了很多人的心。

视频 17.23 (扫码查看)

图 17.23 末那大叔–案例

"老爸评测"(图 17.24),是抖音评测类账号中的头部,站在专业的角度评测各种产品,帮助消费者做正确选择,受到大量用户的喜欢,收获了 1000 多万粉丝。我们今天生活的社会,很多产品都无法让我们放心,因此品测类是需求很大的一个类别,也是带货能力非常强的一个类别。

视频 17.24 （扫码查看）

图 17.24　老爸评测–案例

本节带大家详细认识了抖音"情、趣、用、品"内容生态（快手的内容体系也类似，只是快手内容更加真实、接地气），属于道的层面，相信大家对如何制作抖音内容已经有了一定的初步了解，下一节对抖音十大涨粉内容进行详解。

第十八节　抖音十大涨粉内容详解

本节详细讲解抖音短视频的 10 个大类涨粉内容，即：

生活类　萌宠类　萌娃类　说话类　音乐类

舞蹈类　情绪类　情感类　搞笑类　知识类

抖音的 slogan 是"记录美好生活"，因此最受用户喜欢的作品，也都是跟工作、生活息息相关的内容。

1. 生活类

生活类举一个案例,"伟妹妹"(图 18.1)。从这个场景一看就知道,这一家是在农村收粮食的小商户,这种场景在农村非常常见,但他们把自己的日常生活拍得那么夸张、那么搞笑、那么投入,于是就火了。这个作品点赞量 30 万,播放量保守估计在 500 万以上。

视频 18.1　(扫码查看)

图 18.1　生活类–案例

短视频的崛起,是社会进入个性爆发时代的一个标志,因此短视频作品要火,最主要的一个特征就是"夸张",表情夸张、剧情夸张、肢体动作夸张、表演夸张,只有夸张了,才会有张力,用户才会被感染。

而大多数人,受传统儒家文化影响太深了,总是端着、拿着,刻意维护自己的公众形象,生怕别人笑话自己,这样的作品没有任何的感染力,所以很难火。

你试想一下,抖音、快手上有淑女吗?

生活类的案例很多，比如"安徽彭姐""河北四姐""韩饭饭""忠哥""炮手张大爷"等，大家可以去翻一下他们的账号。

其实拍生活类的内容是非常容易找选题的，我们每个人生活中每天都会有很多感人的瞬间、有趣的瞬间，只需要用一种夸张的手法把它记录下来即有可能成为爆款。

2. 萌宠类

萌宠类，除了"会说话的刘二豆"这种头部超级大号外，还有许许多多的腰部账号，虽然粉丝不是很多，但都出了很多的爆款作品。

"两条大害虫"（图18.2），就是家里有两条宠物狗，作品都是抓拍两条狗日常好玩的瞬间，视频18.2这个作品点赞146万，作品内容非常简单，就是狗狗睁一只眼闭一只眼的

视频 18.2 （扫码查看）

图 18.2　萌宠类-案例

画面。

所以,如果你是爱宠人士,如果家里有可爱的萌宠,一定要用短视频把它的日常记录下来,很快它就能帮你赚钱了。

萌宠类内容是涨粉率非常高的一个类别。

3. 萌娃类

一个可爱的宝宝,谁都喜欢,尤其是有特点、成人范儿的。另外双胞胎和三胞胎,只要拍出来,没有不火的。

"萌宝熙熙(熙宝和大姨)"(图 18.3)这个案例,作品点赞136 万,像这样可爱的孩子,谁看到不点赞呢?

视频 18.3 (扫码查看)

图 18.3 萌娃类–案例 1

"蓝小爸"(图 18.4)这个账号是卖童装的,这么可爱有范儿的宝宝,谁不喜欢呢? 看评论,最多的内容是"骗我生闺女",然后第二多的就是衣服怎么买……

视频 18.4 （扫码查看）

图 18.4 萌娃类—案例 2

4. 说话类

说话类的作品，一般分为搞笑、情感和知识类，搞笑类如"老黄鸡汤""你的阿灿叔"等；情感类如"幺妹儿"；而知识类内容就较多了，国学、经管、亲子、英语、历史等。

图 18.5 是我自己做的一个账号，主要讲一些商业和营销知识，属于经管类。这个作品播放量 300 多万，点赞 8.7 万，1000 多人通过这个作品进来后，给我发私信问我如何学习。

图 18.6 这个账号叫"陈老师亲子教育"，是我们公司旗下亲子矩阵中的一个账号，每月可以产生 3 万—5 万的收入，类似这样的账号我们公司矩阵中有近百个。我们更多的是研究短视频矩阵玩法和案例，不以变现为首要目的。

说话类比较适合在某个领域具有一定造诣者来做，打造知识类 IP，后期变现潜力非常大。而且说话类内容，是涨粉率

视频 18.5 (扫码查看)

图 18.5 说话类–案例 1

视频 18.6 (扫码查看)

图 18.6 说话类–案例 2

非常高的,你的知识对用户有用,用户自然就会关注你。

知识类账号的粉赞比(账号粉丝数/点赞数)一般可以达到 1:2,甚至更高。

5. 音乐类

抖音之所以叫抖音,是因为它是以音乐起家的,音乐在一个抖音作品中,往往可以起到画龙点睛的作用,占有非常大的比重。

抖音里有一个词叫"音乐唤醒",有很多景区的抖音号,都是用美丽的风景,配上魔性的音乐而走红,比如"郑州银基冰雪世界"这个账号,所有的视频基本都是一样的内容,最大的区别就是音乐不一样,仅仅几十个作品,就获得了9000多万的播放量,如果是投电视广告,要花费几千万元。

所以,短视频是目前获取流量成本最低的渠道。

图 18.7 这个案例叫"阿悠悠",因为在朋友婚礼现场唱

视频 18.7 (扫码查看)

图 18.7　音乐类–案例

了一首《一曲相思》，被拍下来发到抖音上而走红，视频仅有15秒，却涨粉上百万。

特别提醒：做音乐类别，一定要注意的一个点，所有的音乐只保留最高潮部分即可，千万不要想着发长视频，把一首歌唱完。作品只有一开始就是高潮，才能吸引住用户，你的作品才能火，就如同上面的阿悠悠，只有15秒，却是歌曲的最高潮部分。

音乐类的代表账号还有"郭聪明"，一个帅气的小哥哥，配上搞笑的风格来演唱歌曲，大家可以去研究一下。

6. 舞蹈类

图18.8这个案例是"惠子ssica"，她既没有多高的颜值，也没有很深厚的舞蹈功底，内容主要是模仿爆款舞蹈，如今已经收获2000多万的粉丝。这个作品的点赞量是197万。

视频18.8 （扫码查看）

图18.8 舞蹈类-案例

"代古拉 K"是抖音里面舞蹈类的鼻祖,她的舞蹈动作其实非常简单。

舞蹈类内容要做好,有三个要点:一、达人有特色,如可爱、活泼、好玩等。二、用好音乐,音乐在舞蹈类内容中更为重要,如果你把音乐关掉,再去看他们的作品,会立即感觉乏味无比。三、好的标题,一个好的话题性标题,是作品爆起来的保障,比如"谁能猜出我在哪里,就请你吃饭"等。

7. 情绪类

人有七情,喜、怒、哀、乐、忧、思、恐,而且情绪是可以传染的。恰到好处的情绪类作品,很容易带动用户的情绪,让用户产生互动而成为爆款。

图 18.9"夏天 Kate"这个账号是模仿"我的阿灿叔",相当于女版的阿灿叔,典型的情绪类内容,短短三个月便收获了80 多万粉丝。

视频 18.9 (扫码查看)

图 18.9 情绪类–案例

这个达人可以说没有高颜值,也没有好身材,就是通过简单的模仿、夸张的表现,便获得了成功。

情绪类作品要做好,一定要夸张,只有夸张了,才更容易感染用户,调动用户的情绪。

8. 情感类

情感类最常见的类别就是爱情类。又分为爱情前、爱情中(恋人相处、答疑解惑)、爱情后(感情疗愈、分手秘籍)、爱情感悟等。

情感类案例是"幺妹儿"(图 18.10),每个视频都是在夜晚的街头、昏黄的灯光下,讲一些情感感悟,视频制作成本非常低。

视频 18.10 (扫码查看)

图 18.10 情感类–案例

9.搞笑类

搞笑类内容是抖音内容体系中占比最大的一个类别,优势是非常容易做出爆款,缺点是涨粉率比较低,缺少变现途径,如果不能做出超级大 V,变现比较困难。

图 18.11 这个案例,两个没有颜值、没有演技的人,就拍了这么一个 10 秒的段子,点赞居然有 156.4 万,播放量在 2000 万以上,足见搞笑类内容制造爆款的能力。

视频 18.11 (扫码查看)

图 18.11   搞笑类–案例

10. 知识类

知识类的领域非常多,包括生活妙招、汽车(买车、养车、用车)、育儿、亲子、爱好(篮球、钓鱼、跳舞)等。以剧情短视频的方式输出自己在某个行业的知识,获得的都是高度垂直的粉丝,后期变现潜力巨大。

知识类的账号(如图 18.12)在短视频平台里非常多,在此就不再一一举例了。

以上就是短视频涨粉最快的 10 大类内容。如果你能够理解这 10 大类内容体系,从里面选出适合自己的内容方向用心去做,实现百万粉丝指日可待。

视频 18.12 （扫码查看）

图 18.12 知识类–案例

每个人都有自己的特点,只要根据自身的情况,把它拍出来、表达出来,那么就有可能成功。这里我总结了以下这些个人特点,每个人都可以从里面选一个适合自己的:

戏精、暴脾气、小矫情、受气包、老实人、精明人、憨包、贤妻、良母、美女、帅哥、知识达人、某方面专家……

不管你有什么特质,优点也好,缺点也好,把它真实地展示出来,就会有很多的人关注你、喜欢你,因为中国有 14 亿人。

除了上面的 10 大类涨粉内容以外,也还有很多的小类别可以做,每个人可以根据自己的实际情况来选择自己的定位和内容。但是一定要注意,你选的内容必须是平台喜欢的,千万不要跳坑。

第十九节　爆款万能公式让你拥有持续生产爆款的能力

通过前面的章节,我们做好了账号的定位,选好了赛道,然后把账号包装好,养好权重,同时也学习了短视频的拍摄剪辑方法,了解了短视频"情、趣、用、品"的内容生态以及快速涨粉的十大内容。接下来我们就要正式开工了。

做短视频,无论账号处于什么阶段,一直都要围绕着一个核心去持续做爆款内容,唯有持续输出爆款内容,我们才能实现快速涨粉、变现的目的,当我们开播的时候,直播间才会有足够的人气。

在战争中有一个原则,那就是集中优势兵力,逐个歼灭敌人,每场战斗都要集中绝对的优势兵力,以两倍、三倍、四倍,甚至五倍、六倍的兵力,从四面包围敌人,力求全部歼灭敌人有生力量,坚决打歼灭战,不让一个敌人漏网。

同样,做短视频,当你把准备工作都做完以后,后面所有的工作重心都必须回归到一个核心上,那就是持续输出热门内容。

但是,无论是谁,完全靠原创,持续制作出爆款内容都是非常困难的事情。有一个理论叫作 21 天榨干一个人:不管任何人,如果不吸收新知识,只输出内容,那么 21 天内他的知识存量就会枯竭。

那么有没有什么方法可以保证自己具有持续不断创造优质内容的能力呢?答案是:有!

经过大量的研究和尝试后,我们总结出了一套行之有效的爆款内容生产万能公式。只要掌握了这套万能公式,我们就可以保证自己具有源源不断生产优质内容的能力。

短视频内容创作的万能公式:模仿+改良=创新。

这不仅仅是短视频内容创作的万能公式,也是所有一切内容创作的万能公式。

图 19.1　短视频内容创作万能公式

有句话说得很贴切，"天下文章一大抄，看你会抄不会抄"，这句话对任何形式的内容创新其实都是适用的。

在账号运营的前期一定要好好利用这个公式，这样才能快速把账号做起来，把粉丝做起来。等到有了一定的粉丝基础，自己有了爆款的网感之后，再逐步走自己的路线，走原创路线。下面详细讲解该万能公式。

模仿：就是首先要找到跟自己定位相近的成功账号，找到他的爆款，进行模仿。通常我们要求的爆款标准是点赞至少在 10 万以上的作品，当然百万以上的更好。

改良：就是在内容中加入自己的特色和专属内容，尽量做到青出于蓝而胜于蓝。比如别人的场景是饭店，你改良成咖啡厅；别人是夫妻，你改成情侣；别人是口播说话类，你改成剧情类；还可以把内容二次加工，变成升级版。

改良的过程中有一个要点：一定要把内容越做越短，千万不要做长。能 20 秒完成千万不要用 21 秒。至于为什么要尽量把视频做短，在后面的《制作千万级爆款内容的"独孤九剑"》章节中，我们会进行详细讲解。

在我们团队有一个硬性要求就是：模仿爆款的时候不允许超过 20 秒。

关于"模仿+改良=创新"爆款生产万能公式的灵活运用分为三个层面：初级的模仿、中级的模仿和高级的模仿。

1. 初级的模仿：我们举两个模仿加创新的案例

图 19.2 和 19.3 案例中，第 1 个视频是文字翻转型的视频，点赞只有几百；而第 2 个视频被改编成剧情后点赞量 180 多万。

图 19.4 和 19.5 案例中，第 1 个视频也是文字翻转型的；而第 2 个视频，把

视频 19.2 （扫码查看）

视频 19.3 （扫码查看）

图 19.2　初级模仿-案例 1

图 19.3　初级模仿-案例 2

视频 19.4 （扫码查看）

视频 19.5 （扫码查看）

图 19.4　初级模仿-案例 3

图 19.5　初级模仿-案例 4

同样的内容改成了简单的动画形式，点赞量便达到了 13 万之多。

上面的两个案例只是最初级的模仿，就是把内容的表现形式给改了一下，下面再举一个中级模仿的案例。

2. 中级模仿

视频 19.6，发在我自己的账号上，播放量 400 多万，内容其实很简单，就是快递员送快递的时候，把人名玄田生念成了畜生。这个内容笑点的本质是我们的汉字博大精深，读错一点就会闹出笑话。

视频 19.6 （扫码查看）

图 19.6 中级模仿-案例 1

当我们拿到这个爆款作品的时候，如何进行模仿和改良呢？如果是原样照搬，肯定有点 LOW（低级），如何把它改良得高级一点、有创意一点？那么我们可不可以思考一下，除了玄田生，还有哪些容易出错的类似人名呢？

"如彦"这个账号（图 19.7—图 19.14），直接拍了一个送

视频 19.7 （扫码查看）

视频 19.8 （扫码查看）

图 19.7　中级模仿–案例 2　　　　图 19.8　中级模仿–案例 3

视频 19.9 （扫码查看）

视频 19.10 （扫码查看）

图 19.9　中级模仿–案例 4　　　　图 19.10　中级模仿–案例 5

视频 19.11 (扫码查看)

视频 19.12 (扫码查看)

图 19.11　中级模仿–案例 6　　　　图 19.12　中级模仿–案例 7

视频 19.13 (扫码查看)

视频 19.14 (扫码查看)

图 19.13　中级模仿–案例 8　　　　图 19.14　中级模仿–案例 9

快递系列,把可能念错的名字拍了个遍,大家可以去他的账号看一下,由于篇幅有限,不能一一列举,他的账号里面还有别的送快递系列,点赞都非常高,而且粉丝增长非常快,这就是灵活使用爆款万能公式所产生的巨大威力。

念错名字的场景,除了送快递外,还有老师点名、递名片、公共场所同学相互介绍等,我们可以再进一步,进行场景切换的改良,便又可以创造出许许多多的爆款内容。

3. 高级的模仿

初级模仿,是直接照抄,或者更换表现形式;中级的模仿是模仿创意,注重改良,切换场景,增加笑点等;而高级的模仿就是对标火爆的栏目或者事件进行模仿了。

比如"懂车侦探"这个账号(图 19.15),就是以汽车为载体展开讲述各种防骗技巧,它对标的栏目就是《今日说法》,你仔细回想一下,它的剧情和表现形式是不是跟《今日说法》

视频 19.15 (扫码查看)

图 19.15 高级模仿-案例

非常的类似。

关于模仿+改良=创新的案例非常多，大家在以后做的过程中，多用心学习，便会发现里面有很多技巧、方法，只要你用心思考，深刻领会我们的这个爆款万能公式，那么你以后就再也不用担心自己没有创意，想不出优质的爆款内容了。

学习了爆款生产的万能公式后，有的读者肯定会问，如何才能找到足够的爆款内容呢？答案是多看、多刷抖音和快手。我要求我们的运营团队每天至少刷2个小时的抖音，只有多看、多刷，才能找到足够的爆款内容，才会慢慢培养出自己的爆款网感。

寻找爆款作品一般有三种方式：

1. 每天研究，热搜榜、正能量榜、DOU 听音乐榜、好物榜、今日最热视频、首页"发现精彩"中的热门话题等，这些内容都是实时的爆款作品(图 19.16)。

图 19.16　寻找爆款作品方式 1

2. 寻找同类对标账号，用这种方式找到符合自己定位的同类账号后，就会找到大量可以模仿的作品。

寻找对标账号的方法:首先通过搜索功能(图 19.17)，找到几个自己领域的账号,然后进入账号首页,点开"+关注"右侧的三角箭头,就会出现很多的同类型账号，然后继续用相同的方法就可以批量找到许许多多的同类可效仿账号。

图 19.17　寻找爆款作品方式 2

3. 不登录账号刷视频,这样推荐的都是热门视频;而你一旦登了账号,平台就会根据你的喜好给你推送内容,这样很多的爆款你是看不到的。只要是同一段时间内经常刷到的类似爆款内容,皆可以立即模仿出来,十有八九就会爆起来。

第二十节　学会分析爆款内容,为你插上一对翅膀

上一节中，我们详细讲解了制作爆款内容的万能公式以及寻找爆款的方

法,既然我们要制造爆款,要对别人的爆款进行改良和升级,那么我们就需要掌握一套分析爆款的方法。要不然,就只能看着别人的爆款内容却找不到头绪,甚至只能嘀咕一句:什么玩意儿呀,这也能火!

截至 2016 年 12 月,我国网民规模达 7.31 亿,中国网民规模已经相当于欧洲人口总量。初中、高中/中专/技校学历的网民占比分别为 37.3%、26.2%,也就是说,网民中的低学历群体占了绝大部分(图 20.1)。

图 20.1　网民学历比例

因此,我们在分析爆款、制作爆款内容的时候,千万不能按照自己的直观理解和感觉,而是要按照一套科学的方法来进行分析和创作。

在互联网上,尤其是短视频创作中,要创造出爆款内容,就必须做出初中生都能看得懂的内容才行。

切记,在互联网上玩清高,就是与大众为敌。

找到爆款内容之后,我们就要对内容进行分析,分析其成为爆款的原因。

关于爆款内容的分析方法,我们总结了 13 个要点,分别是:内容、音乐、表演、贴纸/道具、标题、钩子、亮点、高潮、有梗、正能量、感染力、共鸣、槽点/缺憾,下面一一举例讲解。

1. 内容

要分析作品的体裁,比如:说话类、剧情类、搞笑类、知识类、正能量类、悬疑类、情感类、剪辑类等。

然后分析它火的原因,是因为蹭了热门(节日、热门事件、热门人物等),还是让用户产生了共鸣,带去了快乐,或者提供了知识、迎合了平台的喜好,等等。

关于内容分析我准备了三个案例:

视频 20.2 (扫码查看)

图 20.2 津彩青春-案例

第一个案例(图 20.2),是天津共青团发布的一个作品,点赞 336 万。这个作品的标题是"少年强则中国强",展示的是各种年轻人满满正能量的合集,看完之后,你会点赞吗?

第二个案例(图 20.3),一个在外面打工赚钱的父亲,为了省钱蹲在路边啃馒头,被赶来给老爸过生日,想要给父亲惊喜的儿子看到,电话里父亲却骗儿子说,老板请客在吃大餐,引起大多数人的共鸣,很多人看完都会眼中含满泪水。

第三个案例(图 20.4),是我自己账号上的一个作品,说做不做生意都要收藏的 6 个网站,即使你不做生意,也能帮你省很多钱。这个视频播放量 500 多万,涨粉 7 万多,属于典型的知识型内容。

图 20.3　路边小郎君–案例　　图 20.4　胡杨商业观点–案例

2. 音乐

音乐是短视频的一个极其重要的元素，同样一个视频，离了音乐的烘托，就会变得乏善可陈，而抖音平台更是以音乐对口型假唱起家，抖音圈里一直流传一句话，内容是神，音乐是魂，就足以说明音乐在抖音爆款作品中的重要性。

《我怎么这么好看》《学猫叫》《沙漠骆驼》《答案》《好喜欢你》《纸短情长》《生僻字小星星》……这些抖音神曲，出了无数的爆款，火了很多人。

图 20.5 和 20.6 这两个案例是抖音神曲《生僻字》，第一个是原唱，点赞 295 万，第二个蹭神曲的内容，仅仅放了一张图片，加上歌词，配上音乐，点赞居然近百万，由此可见蹭神曲这一招在抖音爆款中的威力。

视频 20.5 （扫码查看）

视频 20.6 （扫码查看）

图 20.5　音乐类–案例 1　　　　图 20.6　音乐类–案例 2

图 20.7 是惠子跳了一段十几秒的舞蹈，配乐用的《生僻字》，也达到了 41 万的点赞，播放量 1000 万以上。

所以，在抖音里内容是神，音乐是魂，要想做好短视频，要想出爆款内容，就必须重视音乐的运用。平时刷到优秀的音乐要及时收藏，团队剪辑人员要积累一个音效库，方便随时选用，提高效率。

视频 20.7 （扫码查看）

图 20.7　音乐类–案例 3

3. 表演

表演方面的分析包含：人物是否有真实感、代入感，是否有感染力、表情张力，语言、动作是否夸张，是否能引起人的共鸣。

要做好短视频作品,其实最重要的 4 个字就是:真实,夸张。要么你的作品足够真实,让人感觉那就是自己,给人很强的代入感;要么你做得足够夸张,让人感觉这人有趣好玩。

平淡无趣的作品是最难火的。

看一下这个夸张的案例 (图 20.8),这是一个很老的段子,而阿灿叔这个小伙子的表情和肢体动作都非常夸张,这个作品获得了 159 万的点赞,账号涨粉非常快。我问过很多人怎么看这个账号,他们说,看阿灿叔的作品,内容不重要,其实要看的就是最后的那个表情。

图 20.9 是非常真实、非常有代入感的案例,标题也写得很好:"看完别哭,男人不相信眼泪",让很多已婚女人有深刻的代入感和共鸣,最后决然离开的那一刻,让很多曾经受委屈受压抑的女性,感觉非常解气,情绪得到了发泄。因此很多用户会点赞,会留言吐槽。

图 20.8 表演类–案例 1

图 20.9 表演类–案例 2

视频 20.8 (扫码查看)

视频 20.9 (扫码查看)

4. 贴纸/道具

抖音官方推出的热门贴纸、道具,官方都是有特定的流量扶持。抖音的《入坑必读》里面,明确写着使用其他视频 APP 的道具不给推荐,目的是鼓励用户多使用抖音官方的道具,因此使用官方道具的作品,一般会给流量扶持,尤其是在道具的推广期。

图 20.10 这个案例是抖音历史上最火的一个道具,叫分三屏。抖音的分析报告上显示,该道具被使用了近 6000 万次。

5. 标题

一个好的标题可以给内容锦上添花,可以引导用户去评论,可以让用户产生共鸣,可以给用户带来无限的想象空间。

一个好的标题,就是作品成为爆款的催化剂。

我曾经看到一个小姐姐的作品,标题写的是:你们说,我留长发好看还是短发好看?那个作品有 3 万多条评论,那个小姐姐是真的要征求大家意见吗?当然不是,她只是为了增加评论量,获取更多流量而已。

第 1 个案例(图 20.11)是"中国网直播"。视频里有一个很高很高的蒸馒头的蒸笼,标题是:老板,这共有多少层? 请给我在第 16 层拿两个包子,16 是我的幸运数字! 谢谢!

这个作品首先超出了正常人的认知范围,很震撼,基本上没多少人见过这么高的蒸笼。标题又说,这共有多少层? 引起了大家的好奇,很多人专门把层数数出来,写在评论区,这就增加了互动量,促使这个作品成为爆款。

这个作品的标题很好地引导了话题,增加了评论量。

第 2 个案例是"惠子 ssica"(图 20.12),标题写的是:大家都是单身,叫我一声老婆怎么了?这个标题能引起多少男人浮想联翩,评论区全都是叫老婆的。这也是用标题激发了评论,增加了互动量。

图 20.13 这个案例是一个美女,标题很简单,就八个字:快来认领你的女孩。内容是一个小姐姐欢快地舞蹈,跟上个案例有异曲同工之妙,一样引起了很多男人在评论区喊老婆、喊女朋友。

图 20.10　贴纸道具–案例

图 20.11　标题–案例 1

视频 20.10　(扫码查看)

视频 20.11　(扫码查看)

图 20.12　标题–案例 2

图 20.13 标题–案例 3

视频 20.12　(扫码查看)

视频 20.13　(扫码查看)

视频 20.14 （扫码查看）

图 20.14　标题–案例 4

图 20.14 这个案例是一个身材很棒的小姐姐跳的舞蹈，标题是：仅男朋友可见。取得的效果，跟前两个案例差不多，只有男朋友可见，结果你看到了，你会怎么想？你会不会在潜意识里认为这个小姐姐就是你的女朋友，然后跑到评论区再去评论一下。

关于标题的分析，我们就讲到这里，一个好的标题，可以起到画龙点睛的作用，在发布作品的时候，标题一定要用心去构思，一定要有引导，能让人产生共鸣，能让人有想象的空间，才能增加作品的评论量。

6. 钩子

对于一个优秀的作品来说，3 秒抛出一个钩子是必须做到的，因为我们每个人都可以想一下自己在刷抖音的时候，一个陌生作品跳到自己面前，决定看下去还是刷过去，其实就是在一念之间，也就是它跳到你面前的 3 秒钟内有没有吸引到你，如果没有，那么就会毫不留情地把它刷过去。如果不看就刷过去的人多了，那么你的作品的完播率就非常低，平台算法就会认为你的内容用户不喜欢，自然就成不了爆款。

完播率是抖音机器人判断你的作品能否成为爆款的第一要素，这在下一章《制作千万级爆款内容的"独孤九剑"》中，我会详细讲解。

优秀的抖音作品，一定要 3 秒出梗，5 秒逆转，10 秒反转,这是一个合格抖音作品必须具备的特质。

图 20.15 这个案例中的前 3 秒抛出了一个钩子:一个愣头小伙说,美女,走路不要玩手机,小心撞死你。这就会引起大多数用户的好奇,有兴趣看下去,接着反转,小伙自己撞在路灯上,接着再逆转,后面看热闹的美女也撞在了树上。

这个作品具备一个优秀的抖音作品技术层面应该具有的全部特质,而且又非常短,所以完播率会非常高,大家一定要好好研究一下这个作品,用心去体会里面这几个爆款点。

能深刻理解这几点,你便具备了技术层面的爆款制作能力,你拍出来的作品,平台机器人大概率会认为是优质作品。

7. 有梗/反转

有梗/反转其实就是有意外、有笑点,常见的有感情错位、逻辑错位、空间错位、时间错位等。也就是能超出你正常认知的一些反转,比如上下级之间的暧昧、陌生人之间的关切、小孩说大人话等。

视频 20.15 (扫码查看)

视频 20.16 (扫码查看)

图 20.15 钩子-案例   图 20.16 有梗/反转-案例

图 20.16 这个案例是一个低着头边走边玩手机的美女,一个路人突然跟她说小心肝儿,这就是典型的感情错位,超出了大多数人正常的认知,最后的反转是让她小心前面的路灯杆。

8. 正能量

如果你细心观察抖音平台,你会发现,没有哪个平台能比抖音干净、清爽、正能量。抖音官方大力扶持正能量、积极向上的内容,而封杀消极、错误导向内容,所以正能量是抖音上经久不衰的爆款内容。

图 20.17 这个作品是小女孩给一个正在执勤的武警战士送水的场景。非常简单,拍摄也非常普通,没有任何的特效和渲染,却有 200 多万点赞。

9. 共鸣

只有贴近生活的内容,才会给用户代入感,才更容易引起共鸣。

图 20.18 这个案例是郭冬临老师在母亲节时候发的一

视频 20.17 (扫码查看)

视频 20.18 (扫码查看)

图 20.17　正能量–案例　　　　图 20.18　共鸣–案例

个作品,里面有反转,有笑点,有泪点,看完之后,我相信每个人都会眼中噙满泪水。

这就是能让用户产生共鸣的优秀代表作品,大家一定要用心研究和体会。

10. 缺憾/槽点

缺憾/槽点,也就是要故意给作品留下缺陷,让用户有吐槽点,引发评论和争议。互联网上的闲人很多,当你故意留下这些槽点或者缺憾的时候,就会有大量的人来留言,来喷你甚至骂你,这时候评论率就会非常高,这样机器人就会认为你这个作品是优秀作品。

图 20.19 这个作品说的是一定要给孩子看的 6 部动画片,属于知识型作品。但是内容中 6 部动画片却故意只说了 4 部,就有很多人追问剩下 2 部是什么,所以就成了爆款,播放量 3000 多万。

爆款作品的万能公式告诉我们,唯有学会分析爆款,然后先模仿再创新,培养自己的爆款感觉,才是快速并持续生产爆款内容的核心。

希望每一个认真学习的伙伴都能快速制作出爆款作品。

视频20.19 (扫码查看)

图 20.19　缺憾/槽点–案例

第 七 章

爆 款

制作千万级爆款内容的"独孤九剑"

◂ ◂ ◂ ◂ ◂ ◂

第二十一节　学会满足平台需求是制作爆款内容的先决条件

本章我们将详细讲解做抖音短视频上热门的全部技巧,及抖音平台的分发机制和分发逻辑。抖音平台有一套完善的流量分发算法,做公众号的朋友都知道,如果你的公众号没有粉丝,那么无论你发什么内容,都是没有访问量的。

而抖音却是一个非常神奇的平台,即使你没有多少粉丝,只要你拍出好的作品,一样可以获取到几百万、几千万甚至上亿的播放量(图 21.1)。

图 21.1 爆款播放量

爆款作品的万能公式告诉我们,唯有学会分析爆款,然后先模仿再创新,培养自己的爆款感觉,才是快速并持续生产爆款内容的核心。

希望每一个认真学习的读者都能快速制作出爆款作品。

要做好短视频,要出爆款,就必须考虑一个问题,那就是如何上热门,我们需要搞明白平台的流量分发逻辑和流量分发机制。

任何一个平台,它的流量总量都是有限的,创作者每天上传那么多的作品(千万级别),它如何科学地把流量分配给这么多作品,同时又要保证给予优质的作品更多的流量呢?这就得益于抖音的一套非常严格的算法。

关于抖音平台流量的分发逻辑,要牢记一句话:**所有的流量都是平台给的。因此想要上热门,最基本的要求就是你的作品必须符合平台的要求**。

所以,要做好抖音短视频首先就要讨好抖音平台(快手亦然),好好研究一下《抖音网络社区自律公约》,搞明白哪些内容是不能做的,避免跳坑。同时仔细研究一下抖音的《入坑必读》,上面有官方如何上热门的详细说明。

入驻任何平台,首先都需要研究它,把它的机制规则研究清楚,然后再进入,这样才不容易跳坑。很多人什么都不看,就直接杀进去,结果伤痕累累,然后自信心备受打击而放弃。俗话说"磨刀不误砍柴工",我做事情都是先把它研究清楚、研究明白之后,才开始着手去做。

抖音官方的《入坑必读》(图 21.2)包含两部分,第 1 部分叫《做和谐健康的乖宝宝》,再一次告诉你什么样的内容在抖音上是不能做的;第 2 部分是抖音推

图 21.2 《入坑必读》

荐的视频类型,也就是上热门必须做的内容。

我们首先认识一下抖音官方的身份定位:抖音官方并不生产视频,它只是一个内容中间商,通过筛选创作者上传的内容,分析用户的行为,然后把用户喜欢的优质内容推送到用户面前。

所以要制造爆款,首先要明白平台的筛选(采购)标准。

抖音平台的算法非常牛,它根据用户的日常行为,给每个用户都设定了很多标签;当创作者上传视频的时候,它会根据视频的内容匹配用户标签,给用户推荐他们可能喜欢的内容。

然后机器人根据用户的反馈,判定用户是否喜欢你的作品,是不是优质作品。

抖音平台对作品的采购有两大需求:即自身需求和用户需求。

1. 平台自身的需求

平台自身的需求就是抢占网民常用 APP 的地位,以及自身平台生存安全的需求。

调查显示,中国网民手机中安装的 APP 数量平均在 40 个左右,但是常用的 APP 不超过 6 个。然而,成长、强大,成为国民级的 APP 是抖音平台永恒的追求,

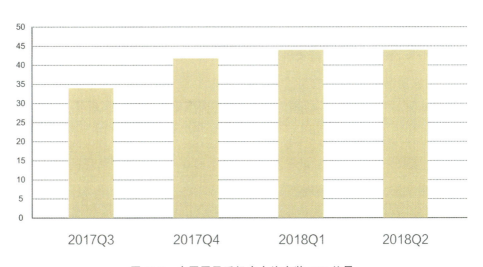

图 21.3　中国网民手机中人均安装 APP 总量

所以你的作品要能够帮助平台成长,帮助平台获取更多的用户,也就是你要做出让用户喜欢的作品,帮助平台抢占网民的时间。

所有商业的竞争,终极赛道都是对用户时间的竞争。

抖音平台对生存的需求实则是所有 APP、所有平台的共同需求,也就是平台的价值导向和内容要符合社会的核心价值观。

抖音平台对内容的审核非常严格,在平台上我们几乎看不到任何打擦边球的作品,这主要是因为字节跳动已经有过前车之鉴,它花大力气打造的内涵段子 APP 被勒令关停。所以,字节跳动目前的内容审核人员就有近 1.5 万人,每一个发布在平台上的作品,在成为爆款之前,都要经过至少三次审核,以此来确保内容不出现负面导向等问题。

而正能量的内容,弘扬中国文化的内容,大国情怀的内容,符合社会主义核心价值观的内容是平台喜欢的,就非常容易上热门。

2. 抖音用户需求

用户需求,也是最重要、最核心的需求,只有满足了用户需求,抖音的发展需求才能够完成。关于用户需求,我总结出这 7 大主要需求:

(1)缓解焦虑:现在社会发展太快,每个人都很焦虑,如果你的作品能帮助用户缓解一下焦虑的情绪,那用户便会喜欢你。

(2)打发无聊:在闲暇无聊的时候,看一下你的作品,能学到知识或者能让用户哈哈一笑,缓解了心情,打发了无聊,这也是用户需要的好作品。

(3)发泄情绪:有的人失恋了,有的人被老板骂了,有的人工作不顺利,有的人和老婆吵架了……如果此时你的作品让他们感觉情绪得到了释放,那他们就会认为你这也是一个好的作品。

(4)获取快乐:人的本性就是获取快乐、逃避痛苦,任何时候,你的作品能让用户得到快乐,用户便会喜欢。

(5)学习知识:你的作品如果能让用户学到他需要的知识,那么他就会关注你。知识类作品是抖音涨粉率最高的一个类别。

(6)产生共鸣:能让用户产生共鸣的作品,用户肯定都会喜欢,让用户有代入感,让用户感觉视频中的人就是他们自己,视频中的经历就是他们自己的亲身经历。

(7)带来好处:你的作品一定要能给用户带来好处,不管是快乐、知识、共鸣,还是能缓解焦虑,总之一定要有好处。如果你只是炫耀一下自己去了哪里玩、吃了什么好吃的,这跟用户没有任何关系,那么你的作品不可能上热门。

一个合格的创作者和平台应该保持这种关系:

1. 创作者和平台是共生共赢关系,而不是你死我活的对抗,不能总是想投机取巧,薅羊毛;

2. 创作者需要有付出的心态,为平台贡献优质内容,帮助平台成长壮大;

3. 扔掉一味索取和钻空子的心态,扔掉鼠目寸光,提升自己优质内容的输出能力,提升自己的格局。

做好长期从事短视频和直播的准备,因为这是一个巨大的社会变革,有着巨大的机会。如果你只是在刚开始投机取巧获得了一些短期利益,随着平台的成熟,很快便会被淘汰掉,那将是非常不划算的一件事情。

第二十二节 抖音平台内容分发机制详解

其实,抖音平台对内容的分发只有一个终极原则:把优质的内容推送到喜欢它的用户面前,也就是让优质的内容找到喜欢它的用户。

为了达到这样的目的,抖音平台建立了一套完善的分发机制,根据用户的使用习惯和行为特征,给每个用户打上兴趣标签;同时给每个创作账号划分好行业类别,分析每个作品的内容标签,然后把作品标签同用户喜好标签进行匹配分发。

抖音平台的分发机制一共有三个种类:社交分发、粉丝分发、智能分发。

1. 社交分发:抖音会读取你的通讯录,把你的作品,优先推荐给通讯录好友。所以如果你的交际比较广泛,很多人通讯录都保存有你的手机号的话,那么你在账号初期冷启动的时候,是非常占优势的,可以获得比较多的初始流量和点赞互动率,因为朋友看到你拍的视频,一般都会给你点赞的。社交分发类似于朋友圈点赞。

2. 粉丝分发:你发作品的时候,平台会把作品推送给部分粉丝,这样你就有了一部分的固定流量,有较高的账号权重。此外,粉丝可以在关注页看到你最新的作品,有了一定的粉丝基数后,作品的冷启动也有更大的优势。

3. 智能分发:智能分发是抖音平台最重要的一个分发机制,也是它最厉害的地方,它是决定作品能否上热门的首要因素。字节跳动公司的智能推荐算法在国内绝对是数一数二的,下面就详细讲解抖音的智能分发机制。

最初,系统会将你的作品按照内容类别分发给100到300个对相关内容感兴趣的用户,然后根据用户的反馈(赞、转、评、完播率),判定你的内容是否优质。如果判定为优质,便会进入下一个流量池继续加推,以此类推(图22.1)。

流量池级别	推荐用户数
种子流量池	数百级别
初级流量池	1 w~ 10w用户
中级流量池	10w+~ 100w用户
高级流量池	1 00w+~ 1000w用户
S级流量池	1000w+用户
王者流量池	全站、新手

图 22.1 抖音流量池

这个是否优质的标准,没有一个准确值,是随时变动的,是由当时平台上上传作品的总量和质量决定的。如果你的作品反馈评分在当时的同类作品中达到了中上等,便会推送,否则便会被淘汰掉。

首先是 100~300 的测试流量,如果达到系统要求,就会进入下一个流量池,一般是 10 万以内;然后是更大的流量池,一般是 30 万以内;这时候就要进入人工审核,如果人工审核后,确定你的内容导向正确、符合抖音社区公约、符合社会核心价值观,那么便会给你逐级人工加权,这时候一般都能达到百万级以上的播放。

最后内容优质、导向正确的极少数优质内容会被放入王者流量池,全站推送。

抖音平台目前每天上传的作品量在 2000 万条以上,最终能进入王者流量池的非常少。

图 22.2 详细描述了抖音作品的内容流转逻辑,简单总结就是,一个作品上传到抖音平台后,要经历一次机审+三次人审。

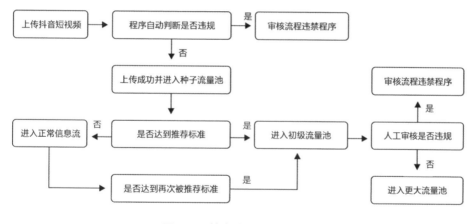

图 22.2 抖音的内容流转逻辑

正是因为有如此严格的审核机制,才保证了抖音平台如此的干净,如此的正能量,几乎没有任何违规和打擦边球的作品,这也为我们做好短视频提出了新的要求。

我们做短视频,一定要抱着付出、共赢、努力持续输出高价值内容的心态,而不是像以往做其他平台那样,一味薅平台羊毛,钻空子,投机取巧。在抖音平台如此强大的审核机制面前,这样做是很难生存的。

第二十三节　新手制作爆款内容的四大法宝

在抖音要想做出爆款内容,首先你的内容不能违规,其次就是要让平台智能推荐算法(机器人)认为你的作品优质,而抖音机器人判断你作品是否优质的标准,就是用户的反馈。

所以,内容要上热门,首先要过机器人这一关,然后过人工审核这一关。人工这一关主要审核的是内容的导向性和社会价值,这方面需要你仔细研究《抖音网络社区自律公约》,弄明白抖音提倡什么、讨厌什么,努力做出平台喜欢、对用户有价值、对社会有贡献的内容。

当然,如何过机器人这一关是至关重要的,如果过不了机器人关,作品在初级流量池就会被淘汰掉,再优质的内容也没有意义了。

机器人判断用户的反馈主要有四个维度,权重从高到低排列:完播率、转发率、评论率、点赞率。

如果你的作品反馈评分在当时的同类作品中达到了中上等,便会加推,否则便会被淘汰。

那么如何让作品得到持续推荐? 核心就这四句话:

重视完播率,提升点赞数,提升评论数,提升转发数。

一、重视完播率

抖音 APP 实际上就是一个自带内容的视频播放软件,跟暴风影音之类的软件类似,但是它同一般的视频播放软件相比,抖音 APP 缺少一个功能,那就是快进功能以及拖动播放进度的功能(为了提升 30 秒以上视频的观看体验,最新版本 30 秒以上的视频已经可以拖动了)。

在抖音 APP 里,为什么要设计成不可以快进的,而且同一个视频是循环播放的,你有没有考虑过,工程师们为什么要这么设计?

答案是，他们要根据用户是否看完一个视频来衡量该视频的用户喜欢程度，以此来判定视频的质量。

我们可以回想一下，我们自己在刷抖音的时候，一个陌生的作品跳到自己面前，如果看了几秒钟，不感兴趣的话，是不是就会毫不留情地刷过去，直接看下一条；而如果刷到一条作品非常吸引我们，或者内容对我们有好处，正是自己需要的，就会看下去，把它看完，甚至会看好几遍，然后还会点赞、收藏。

所以，抖音正是利用了我们的这种行为习惯，特意不设计视频快进功能，以便更好地根据用户是否完整看完一个视频内容，来判定该视频是不是用户喜欢的，是否对用户有价值。

因此，完播率是抖音机器人判断你这个作品是否优质的第一要素，想要做好抖音就必须重视完播率。提升完播率有两个要点：

1. 初期时候，多尝试 8—15 秒作品。

提升完播率，一定要想方设法把作品做短，能少一帧就少一帧，能少一秒就少一秒，即使是模仿别人的爆款，也要找那些比较短的爆款，在账号粉丝没有到 10 万以前，作品长度最好控制在 15 秒以内，最好不要超过 20 秒。

我们曾经做过一个测试，同一个内容的短视频，一个版本剪辑成 30 秒，一个版本剪辑成 20 秒，结果完播率相差 62%。

很多新手刚开始做短视频，总是感觉十几秒的时长不够用，内容表达不完整，尤其早期抖音需要 1000 粉丝才能开一分钟权限的时候，很多人感觉 15 秒不够用，为了开一分钟权限而去买粉丝，其实这都是严重错误的做法，一旦买粉丝，号就废了。

抖音就是一个快节奏的平台，是美好瞬间的合集，做抖音没有必要过于看重内容的完整性，回想一下，你曾经刷过的爆款作品，是不是很多都是戛然而止的，让你感觉意犹未尽（甚至是故意留缺憾，不完整）？

特别提醒：抖音《入坑必读》明确说明了，低于 7 秒的作品是不予推荐的，因为低于 7 秒的作品是不完整的，所以作品至少要有 8 秒。

2. 利用抖音循环播放特点，设计无缝衔接内容，提高复播率。

前面我们已经讲过,在抖音里面,一个作品播放完之后它会循环播放第 2 次、第 3 次,如果你的作品被用户看了好几遍,那就证明用户非常喜欢你的作品,机器人就会认为是优质作品。复播次数也是权重很高的一个因素。

根据这个原理,提高作品的复播率有两种方法:

第一,努力做出用户真正喜欢、有趣有价值的作品。

图 23.1 这个作品说的是孩子一定要看的 6 部动画片,属于一个知识类的作品,播放量 3000 多万,涨粉 20 万。该作品之所以成为爆款的根本原因是 6 部动画片,用户看完一遍根本记不住,于是就会看多遍,同时为了把内容收藏起来方便以后使用,用户还会有点赞、转发、收藏等动作。

第二,设计出结尾和开头没有明显区别的作品,让用户不知不觉就能看好几遍。

如果你的作品很短,又设计得结尾和开头没有明显的区

视频 23.1 (扫码查看)

视频 23.2 (扫码查看)

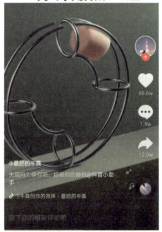

图 23.1 提供价值-案例 1　　　　图 23.2 提供价值-案例 2

别,用户就注意不到已经看完,就会看好几次,这样机器人就会认为你的作品优质,给你很高的权重。

图 23.2 这个案例,就这么一个简单的视频,点赞 66 万,最根本的原因就是首尾无缝衔接,用户根本感觉不到结束,不知不觉就看了几遍,而被机器人认为是优质作品。

二、提升点赞数

点赞的动机:有没有感动!

要提升点赞数,你的作品就要感动用户,要让用户觉得有用,让用户认同,让用户支持,让用户感到共鸣。

尤其是知识类的作品,用户看到之后他感觉有价值,就想保存下来,以后备用,他能怎么保存呢,要么点赞,要么收藏,要么转发。

我曾经看到这样一个作品,下雨天,马路上满是积水,一个小姐姐打着伞蹲在路边,用手在浑浊的水中捞树枝,作品没有任何刻意的剪辑和渲染,点赞却有100 多万,这就是典型的用户因为感动而点赞。

图 23.3 这个案例非常简单,其实就是一张照片,一个光着上身的警察抱着一个小女孩,把自己的上衣盖在小女孩身上,但点赞数 1600 多万,这就是让用户支持和认同的典型代表。

三、提升评论数

评论的动机:认同或不认同!

我们会看到很多视频的点赞数并不高,但是播放量却非常高,这类视频就是热评视频,也就是有很多人在对视频进行评论,甚至相互评论。那么,用户评论的动机是什么呢?

在短视频里,有三类作品最容易引起大家的评论:

1. 对作品有强烈认同感,需要把认同感表达出来。

合伙创业如何避免反目成仇:再好的朋友合伙创业也要签署合伙协议,协议中必须明确出资金额、到账时间、股权比例、分红方式等内容;还必须明确,万一资金不够需要各股东追加资金的规则以及不愿追加资金股东股份的拆分办

视频 23.3 (扫码查看)

视频 23.4 (扫码查看)

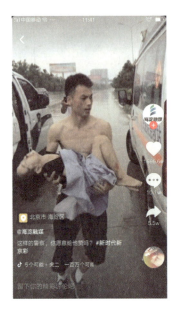

图 23.3　提升点赞数−案例　　　　　图 23.4 提升评论数−案例 1

法,同时要约定股东的进入、退出和淘汰机制,先小人后君子才能保证合作顺利,如果没有协议约定,以后出现问题避免不了兄弟合伙、仇人散伙的局面。你学会了吗?

图 23.4 这个作品发布后,评论率就非常高,因为在我们中国几个好朋友一拍即合合伙做生意,最后不欢而散甚至反目成仇的案例实在是太多了,大家都有强烈的认同感,所以有过类似经历的网友都想表达一下自己的认同感,吐槽一下自己的遭遇。

2. 对内容强烈地不认同,所以要吐槽,要骂你。

很多时候,有意识地去做一些颠覆认知的、别人不认同的、容易引起争论的内容,让用户刚开始看的时候觉得有点正确,而细细琢磨后好像又不是那么回事,这样的内容同样也会获得很多的评价。

如何不花钱开饭店:开一家饭店,需要投资 100 万,大多数人都是自己出钱,自己干,非常辛苦,而且风险极大。正确的做法是把它拆成 100 份,每一份卖两万块钱,你给我两万块钱,买我店里一股,同时我再给你我店里两万块钱的代金券,这样你自己不花一分钱就可以把饭店开起来,同时手里还多了 100 万现金,还多了一百个核心客户。

我的这个作品 (图 23.5)发布后,认同的人留言咨询我:如何让客户投资、融资;而更多不认同的人说我做梦,骂我,评论率也非常高,所以这个作品也成了爆款。

视频 23.5 (扫码查看)

图 23.5 提升评论数-案例 2

3. 吐槽。

我们在制作短视频内容的时候,可以故意留下一点缺憾,这样就会有很多钻牛角尖的用户吐槽你。

创业必选的六大暴利行业:(1)男人爱面子;(2)女人要漂亮;(3)小孩要聪明;(4)老人要长寿;(5)大家要赚钱。所有经久不衰的暴利产品都在这六大暴利行业,要赚钱就要从这里面找商机。这是我珍藏多年的秘诀,点个赞吧。

这个作品,我说创业必选的六大暴利行业,但是内容中却故意只说了五个,于是很多人留言问我第六个去哪里了,评论数也非常高,于是也成为爆款,播放量 300 多万。

提升评论数,有三个核心技巧:

1. 视频标题引导评论

图 23.6 这个案例就是标题引导评论的典型代表:我昨天

视频 23.6 （扫码查看）

图 23.6　视频标题引导评论-案例

发现我妈妈也开始玩抖音了，你们小心点，别喊我老婆、媳妇了。结果 2000 多个评论，大多数是喊老婆、喊媳妇的。

2. 评论区与用户积极互动

就是用户在评论你的作品的时候，你要积极地去回评，如果你回复的内容有价值有意思，用户就会再一次评论，这样就极大地增加了你的评论数。一个合格的短视频运营者应该尽可能去认真回复每一条评论，直至达到当天的评论上限，如果从来没有达到评论上限，那我认为他就是一个不合格的运营者。

3. 关注神评论

一个神评论会引发很多话题，很多用户会就这个话题再去点赞评论，所以你一定要关注神评论，如果没有，可以自己想办法去造一个（用小号），然后把这个神评论置顶，就会起到很好的作用。

图 23.7 这个作品的第一个评论就是一个神评论:狗竟然可以抓海鲜! 来,我要吃海胆。这个评论居然收获了 1858 个赞。

四、提升转发数

转发的动机:有没有收获!

提升转发数。用户愿意转发你的作品,一般有三个原因:

1. 要给别人看。若用户感觉这个作品所表达的内容就是自己想要表达的,对自己有利,他想让别人看到就会转发。

图 23.8 这个作品,很多女人看到之后,都想转发给自己的男朋友或者丈夫看,所以转发量非常高。

图 23.7 关注神评论–案例

视频 23.7 (扫码查看)

图 23.8 提升转发数–案例 1

图 23.9 提升转发数–案例 2

视频 23.8 (扫码查看)

视频 23.9 (扫码查看)

2. 有知识。如果用户感觉作品内容有知识，他就会转发到自己的朋友圈或者抖音，方便更多的人看到。

图 23.9 这个案例标题是"如果有一天，你失业了，记得收藏这几个网站"。就是因为内容有知识，所以转发量高达4.2 万。

3. 有用。图 23.10 这个案例讲的是优雅女士礼仪细节，这就属于对大家有帮助的内容，因此用户看完视频后，往往就会照镜子，甚至跟着视频中讲的知识点去学习。当用户感觉视频对她们有用的时候，她们就会点赞转发，因此我们可以看到这个视频的转发率也非常高。

视频 23.10 （扫码查看）

图 23.10　有用–案例

本节最后，摘录一部分抖音官方教材中的内容供大家学习。

抖音上热门的技巧(官方教材)：

1. 原创,抖音鼓励原创,只要有一个好的创意,上热门不

是难事(例:口吞重庆铁轨);

2. 5秒内抓住用户眼球,视频内容重点前置,问题抛在最前面,吸引用户兴趣;

3. 贴近生活,引起用户共鸣;

4. 选择一些有争议性的话题,比如男女分手是否还可以做朋友;

5. 刷新大众原来的认知点,比如第一个伤害孩子的竟然是父母;

6. 结合节日点的用户共鸣,短期同性质内容中出爆款;

7. 紧追热点玩法,注意演绎与创新,根据抖音热搜话题、微博热搜,结合自身专业知识切入话题;

8. 多多参与线上挑战,是上推荐的快速通道。

大家都知道,抖音的推荐机制是去中心化的,所以每个人,只要视频内容做得好,抖音就会更多地推荐你。如果你还可以很好地运用爆款内容的四大法宝,提升视频的完播率和复播率,并且能够让用户多点赞、多评论、多转发、多关注,那么快速涨粉成为网红就是一件水到渠成的事情。

第二十四节　制作千万级爆款的"独孤九剑"

首先送给大家一句话:

这个世界上本没有路,但是有很多的坑,冲在前面的人已经探好了路,于是就有了套路,后来者会更加生猛。

10年前很多人抱怨说,做电商已经晚了;5年前很多人抱怨说,做公众号已经晚了,做微商已经晚了;现在还是有很多人抱怨说做短视频已经晚了。

我只是想告诉大家,现在做短视频和直播,正处于红利期,而且冲在前面的人已经探好了路,就有了套路,我们现在进入会更加生猛。

金庸先生的《笑傲江湖》里,令狐冲跟随师父岳不群练了二十年的剑法,却一直都打不赢采花大盗田伯光,后来遇到了华山派剑宗的老前辈风清扬,只学了一个晚上的独孤九剑便打败了田伯光。

本节讲制作千万级爆款抖音作品的"独孤九剑",这些技巧就是我们这些冲在前面的人探索好的,制作爆款行之有效的套路,用好这些方法,你便可以更快速制造出爆款内容。

一、独孤九剑第一式:蹭热搜

在抖音首页点搜索(放大镜),进入即可看到(图 24.1),热搜榜分为三个类别:热点榜、正能量榜和今日最热视频。

图 24.1　蹭热度

这就是抖音平台每天实时的热门内容。要做好短视频,做好直播电商,我们每天都必须去研究热搜榜,看到适合自己的马上去拍一个,很可能直接就会爆。具体拍法按照我们前面章节讲解的爆款万能公式,模仿加改良即可。

每个平台官方都会不定期地搞一些活动,当平台需要某一类内容的时候,就会给这些内容比较大的流量,这就是平台的大周期。注意研究每天的热门视频榜,从里面发现平台正在主推的内容,然后马上跟进,这是出爆款最简单最快速的方式。

二、独孤九剑第二式:蹭热门话题

不管是短视频平台上还是社会上,经常会出现一些热门的话题,当这些话题出现的时候,只要你的内容跟这些话题沾边,就非常容易爆。

像此前抖音官方推的闺蜜团、奔驰车漏油事件,只要在当时跟这些话题沾边的作品都会爆。

关于如何找热门话题,我的建议是多看一下各个平台的热搜榜(图24.2),多关注一下社会新闻,多刷一刷抖音。

关于蹭热门话题需要非常注意的一点就是时效性。一个热门话题的生命周期非常短,今天发和明天发播放量可能是几何级的差别,所以蹭热门话题就两个字:要快!

图 24.2 热门话题

三、独孤九剑第三式:蹭热门贴纸道具

图 24.3 是 2018 年抖音的十大热门贴纸道具排行榜,我们看到第一名的是分三屏,被使用了 5426 万次。

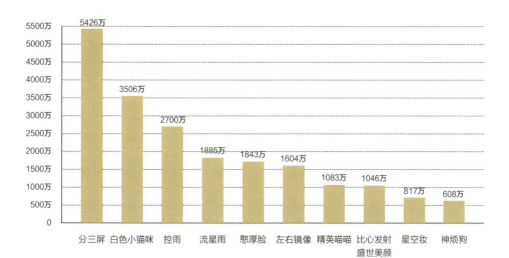

图 24.3 2018 年抖音十大热门贴纸道具排行榜

这些抖音官方提供的道具，平台都是给流量扶持的，一定要用心，把这些好的工具用起来，好好利用这些可以获取流量的工具，因为平台官方要推某个功能，都会有流量扶持预算的。

抖音《入坑必读》里面明确写道，使用别的 APP 平台贴纸道具的作品不予推荐。这一点大家一定要注意，只能使用抖音官方提供的贴纸道具和工具。

四、独孤九剑第四式:蹭神曲

《小星星》《灞波儿奔奔波儿灞》《我怎么这么好看》《学猫叫》《沙漠骆驼》《好喜欢你》《答案》《生僻字》《囧架架》《纸短情长》这些风靡一时的神曲，我们每天打开抖音都可以听到，一个神曲往往可以火几个月，因此蹭神曲是最简单的一个蹭流量方法。

因为蹭了十几秒的神曲而火的案例非常非常多，"阿悠悠"就是其中最典型的代表。

五、独孤九剑第五式:蹭爆款

看到优秀的、适合自己的爆款，马上改良翻拍一个，也是很容易火的，因为剧本内容是已经经过市场验证的。

要想蹭爆款，你首先要找到爆款，除了看热搜榜之外，我要求我的团队每天必须刷抖音两个小时以上。要想做好短视频，你必须大量看别人优秀的作品，进行不间断的学习。

找爆款有一个小技巧送给大家，那就是不登录账号去刷抖音，这样平台给你推送的全部是爆款内容；而一旦你登录了自己的账号，那么它就会根据你的喜好来给你推荐，很多优秀的爆款你是看不到的。

六、独孤九剑第六式:蹭合拍

抖音有一个独特的功能，就是合拍，我们刷抖音的时候，每个抖音作品右下方都有一个小箭头，点开小箭头就会出来一个菜单，里面有一个"合拍"，点击后便可以进行合拍作品了。需要注意的是，只有长度低于 15 秒的视频才可以合拍。

图 24.4 这个简单的合拍作品，点赞居然达到了 16 万，评论 9000 多条，是一

个成功的小爆款。

2018 年春节时候，周星驰为了推广自己的新电影而入驻抖音,并且一开始就创造了合拍作品。图 24.5 是同周星驰的一个合拍,因为小姐姐长得有点像朱茵而一炮走红。

视频 24.4 (扫码查看)

视频 24.5 (扫码查看)

图 24.4　蹭合拍–案例 1　　　　图 24.5　蹭合拍–案例 2

蹭合拍有两个层面,第一个层面就是同热门的视频或者热门人物进行合拍;第二个层面是创造合拍作品,是高级别的玩法。

抖音的推荐分发机制决定了每个作品发布后,都会得到至少几百个的初级流量推荐,因此,如果你创造了合拍,每个同你进行合拍的人,都至少能给你带来几百次曝光,如果有哪个合拍火了,也会直接把你的作品给带火。

"抖了个音"这个账号(图 24.6),只有一万粉丝,这个作品点赞 4.3 万,但合拍就达到了 6.9 万,就是因为跟他合拍的人多,把作品给带火了。

视频 24.6 (扫码查看)

图 24.6　蹭合拍-案例 3

图 24.7　蹭同款-案例

七、独孤九剑第七式:蹭同款

拍同款是抖音 APP 特有的功能，其实就是让不同用户用同一个音乐、同一个道具、同一个特效来发挥创意,创造出好玩的内容(图 24.7)。

在我们刷抖音的时候，每一个抖音作品的右下角，小箭头的下面有一个圆圈,点进去即可拍同款。适合蹭一些热门的道具、贴纸、特效、神曲和官方活动等。

比如你在抖音听到一个非常好听的音乐,或者看到一个非常好玩的特效,你也想拍一个,就可以用拍同款功能直接拍出来。

拍同款也是可以获得官方的流量倾斜的。

八、独孤九剑第八式:蹭挑战赛

挑战赛,由抖音小助手每天推送,具体位置在消息—消息助手—抖音小助手里面(图 24.8)。

图 24.8　蹭挑战赛

挑战赛是抖音每天搞的官方活动,既然是官方活动,就需要人气,所以如果你去给它捧场,它肯定会给你流量扶持的。它的每一次活动都有基础的流量预算,就看你能分到多少。

蹭挑战赛,你的速度也一定要快,每一次活动配置的流量总量是有限的,因此越早进入,分得的流量越多。

九、独孤九剑第九式:蹭名人

可以蹭网红的,可以蹭名人的,可以蹭当下热点人物的。就像沈大师火的时候,所有关于沈大师的内容都会火;陈果火的时候,所有关于陈果的内容都会火。名人走到哪里都是焦点,是天生自带流量和光环的。

所以蹭名人是获取流量成为爆款的一个捷径。

图 24.9 这个作品是从成龙的《传奇》游戏广告中截取出来的片段,设计了一个简单的对话场景,属于蹭名人的典型代表,点赞便达到了 25 万。

以上九种方法是在抖音平台快速获取流量的撒手锏,所有新手进入短视频领域,在刚开始创造优质作品的能力尚且不足的时候,好好利用好这九种方法,是快速出爆款的保证。

视频 24.9 （扫码查看）

图 24.9 蹭名人-案例

CHAPTER

第 八 章

涨 粉

快速从零到百万粉丝的秘密

◂ ◂ ◂ ◂ ◂ ◂

第二十五节 短视频账号不同阶段的涨粉策略

在这个粉丝经济时代,拥有粉丝就等于拥有了一切。

粉丝即流量　粉丝即渠道

粉丝即价值　粉丝即资产

这个时代,一个人如果拥有了 10 万垂直粉丝,那么他就可以养家糊口;如果拥有了 100 万粉丝,那么他就可以实现小康生活;如果拥有了 1000 万粉丝,那么他就是企业家。

拥有了粉丝,就意味着有了话语权,你说什么都会有很多人看到,能够影响到很多人。但是在粉丝量的不同阶段,与粉丝的沟通运营方式也不同,所需要采取的运营策略也不相同。

如果你有 100 万粉丝,那么你就会有很大的影响力,你所表达的内容,就一定要承担百万粉丝大 V 的责任,不能发布任何违规的内容,不能对社会造成任何负面导向和不良影响。

第一阶段:粉丝在 0—1 万内,一一互动,个个互粉。

1. 抓住评论视频的用户,及时全面回复粉丝的评论,回复尽量使用问句,吸引粉丝互动回复,提高账号互动率,增加互动量,获得机器人对视频的高评分。

用户关注或者评论表示认可你的观点或视频内容, 让用户产生认同感,和所在行业的大号多互动,也可以吸引更多大号的关注,对增加账号权重有很大的帮助。

2. 抓住关注你的小众目标用户,尽可能符合他们的兴趣。

视频内容如果让用户感觉到有所收获,用户就可能关注或者转发,特别是在一个垂直细分领域里做内容,那就尽可能垂直在这个领域,初期为了获得更多的曝光量,可以跟一些热点内容,切记不可随便变换领域。

就好比我自己的这个账号"胡杨商业观点"(图 25.1),一直都非常垂直地在输出商业思维、营销知识、赚钱技巧等内容,粉丝多数是老板群体,虽然目前粉丝还不算太多,但是跟那些几百万粉丝的泛娱乐大号相比,其商业价值要远远大于他们。

所以,你的视频内容决定了你会吸引到什么样的粉丝,不同内容会吸引不同类别的粉丝关注,内容对抓住自己的目标用户至关重要。

持续不断地为粉丝输出优质内容,并坚持每天更新,培养用户习惯,让用户每天期待着你更新内容,粉丝对你有了黏性以后,才会成为你的忠粉、铁粉。

图 25.1　胡杨商业观点

第二阶段:粉丝在 1 万—10 万内,注意内容质量,给粉丝价值。

如果你的粉丝处于这个阶段,那么恭喜你,已完成了原始粉丝的积累,进入了上升期。做任何事情,0—1 的过程都是最为艰难的,良好的开端等于成功了一半。

到了这个阶段就意味着你已经进入了粉丝的快速上升期,因为这个时候,你已经有了一定的粉丝基础,又有了基本的网感和优质内容的输出能力,只要执行力过关,涨粉是非常快的。

正因为这样,这个阶段的重点工作一定要明确:保证作品内容能为用户带来价值、带来好处,能给用户足够的新鲜感、认同感、价值感,这是决定用户是否愿意成为你的粉丝的关键。

与此同时,持续不断地为粉丝输出优质内容,并坚持每天至少更新一条,培养用户习惯,愿意每天看你最新的作品,增加用户的黏性。

特别提醒:这个阶段我们务必把握好作品的内容,坚决不能违规,不能出现错误导向的内容,否则账号被限流了,或者被封了,是非常可惜的。很多人在这

个阶段翻车而前功尽弃,就是因为他们自认为已经掌握了平台的基本规则而放松警惕所造成的。

第三阶段:粉丝在 10 万—100 万内,内容至上,不断迭代内容,满足粉丝需求。

可以说,90%能赚钱的账号都处在这个阶段,到了这个阶段,一般短视频运营涨粉的基本技巧都已经掌握了,制作优质作品的能力也都比较成熟了,但是随着粉丝量的快速增长,粉丝对相同的内容也会出现审美疲劳,你就需要不断提升自己的作品档次,来满足粉丝对作品的更高需求。

在这个阶段,大多数运营者会碰到瓶颈,就是每天辛勤发作品,粉丝不涨反掉,这就在提醒你,内容需要升级了。比如把原来说话类的内容升级成剧情的,把以前单人出镜的内容升级成多人出镜的。

第四阶段:粉丝在 100 万以上,能力越大,责任越大。

在这个阶段,你已经是一个百万粉丝大 V 了,你的每一个作品都会影响到很多人,这时候要特别注重自己的言行和内容导向,确保作品对用户有帮助,对社会有价值,对平台有提升;要绝对避免出现过激言论,避免触碰平台红线。

第二十六节　教你识别"有效爆款"和"无效爆款"

做短视频,我们的目标肯定是为了赚钱,因此涨粉是我们前期的首要工作,因为粉丝是生存的基础。我们不仅要出爆款,还要出有效的爆款,即涨粉率、转化率都比较高的爆款。

如果你细心的话,可能会发现经常有一些账号,某个作品或者某些作品,点赞非常高,几十万甚至几百万,但是粉丝只有几千个甚至几百个。

图 26.1 这个作品点赞 198.2 万, 这个账号当时已经发了 152 个作品了,但是粉丝却只有 3.9 万。

视频 26.1　(扫码查看)

图 26.1 无效爆款-案例 1

图 26.2 荷兰鼠的案例点赞 259 万,播放量在 5000 万左右,但是这个账号的粉丝却只有 6.1 万。

这两个案例都是无效爆款作品,为什么空有如此高的播放量却不涨粉呢?大家好好思考一下,后面我们会详细分析。

什么是有效爆款?答案是高涨粉率、高转化率。

图 26.3 这个案例"康康教练",是驾校用来招生的一个抖音账号。这个作品点赞 158 万,为其涨了大概 60 万粉丝。

有效爆款就是高涨粉、高转化的爆款,那么在涨粉这个维度上,高涨粉的作品就意味着要有高价值。

高转化的爆款作品我们将在电商篇中详细讲解。

关注的动机:有价值。

回想一下我们自己,当看到一个作品的时候,如果感觉到特别喜欢作品中的达人、认同达人,或者内容特别有价值,我们会做两种动作:

视频 26.2 （扫码查看）

图 26.2 　无效爆款–案例 2

视频 26.3 （扫码查看）

图 26.3 　有效爆款–案例

第一种动作就是直接点关注，因为喜欢就先关注了再说，希望以后能经常看到该达人的作品；

第二种动作就是点进达人的主页，翻看他的其他作品，如果主页很美观、很整齐，同时其他作品也很有价值的话，那么就会放心地点关注。

那么有效的涨粉爆款有哪些特征呢？

1. 给用户关注的理由

有知识，有价值，这人好玩，这人有料，满足用户某种需求，或者小哥哥小姐姐身材好、有颜值等，总之就是作品需要满足用户某个方面的需求，给出用户点关注的理由。

2. 有共鸣，代入感强

真实的、贴近生活的作品，是最容易让人产生共鸣和代入感的，这样的作品用户看到后感觉就是在说自己，因此会产生强烈的共鸣，用户会有一种找到知己的感觉，进而关注该账号。

3. 首页设置美观齐全，作品封面整齐

在《教你五步包装出一个高价值抖音号》中，已经详细讲解了一个高质量抖音号的包装要求，在此不再赘述。

首页的科学设置，每个作品封面的统一美观，关系到涨粉的效率。

图 26.4 这两个账号就是典型的失败首页，没有背景、没有简介，让人看完不知道账号是干什么的。而且作品封面杂乱无章，没有任何美感，作品也没有价值，这样的账号，用户为什么要关注你呢？

图 26.5 这个案例才是一个优质的、高涨粉的封面，背景图告诉用户自己是干什么的，引导用户关注；昵称直接言明是亲子教育内容；简介更加进一步说明"好妈妈育儿课堂，教你做个聪明好妈妈"；所有作品封面统一美观，而且内容高度垂直，用户进来后，如果确实需要育儿知识，自然会关注。

你要让用户做出点关注的动作，你就必须给他一个理由。

要想拍出高转化率的有效爆款作品，你就必须做好粉丝画像，想明白自己的粉丝群体是谁，他们有什么痛点、焦虑、需求……你能满足他什么需求，你能

图 26.4　首页设置失败–案例　　　　　　图 26.5　首页设置成功–案例

给他什么样的理由,让他做出点关注的动作。

留一个思考题,请大家仔细思考一下:

忠哥、祝晓涵、玩车女神、炮手张大爷、七舅脑爷、聂小雨、河北四姐、安徽彭姐……这些普通人的成功案例,粉丝为什么会关注他们,他们让粉丝关注的理由是什么?

第二十七节　如何持续输出"有效爆款"作品

在第十九节讲爆款万能公式时,我们已经详细讲解过如何利用模仿+改良的方式持续制作爆款作品,本节讲解如何利用爆款万能公式持续输出"有效爆款"作品。

同制作爆款内容一样,我们还是需要先找到模仿对象,也就是有效爆款作品或者对标账号。

1. 模仿别人的有效爆款

第一步:利用第十九节中讲解的寻找对标账号的方法,批量寻找自己领域的优质账号,关注 100 个同类账号,翻阅他们所有爆款作品 (点赞最好 10 万以上),并收藏。

第二步:根据第二十六节中讲解的有效爆款的特征,从中选取可能是有效爆款的作品进行模仿和改良,拍摄制作然后发布。

第三步:数据分析,从里面选取出真正的有效爆款作品,**重点扶持**,如果资金充裕可以考虑投放 DOU+(为抖音创作者提供的视频加热工具)进行加推。

2. 模仿自己的有效爆款

别人的爆款,哪怕原样发到自己账号也未必能爆起来,当然就更无法保证高涨粉、高转化了,因此,只有在自己账号上测试出来的有效爆款,才是真正的有效爆款。

当测试出来一个有效爆款后,我们该怎么做呢?很多人会选择多发几遍。短视频平台现在都有完善的查重机制,同一个作品发到不同账号上会被认为是搬运,严重的账号还有可能会被降权,即使在同一个账号多次发,虽然目前没有观察到平台会处罚,但也是不建议的,至少对粉丝会产生骚扰,用户体验不好。

正确的做法是模仿和改良自己的有效爆款。

用"康康教练"这个账号的作品举例 (图 27.1—图 27.4),当测试出侧方停车那个内容为有效爆款后,我们看看他做了什么。

通过上面这四个案例我们可以看到,他始终在抄自己的爆款作品,而且是反复地抄,连声音都没有换,只是把视频换场景重新拍了一遍。

"康康教练"这个账号目前已经 246 万粉丝了,至少有近 200 万是这一个内容涨的。

所以,模仿和改良自己的爆款作品,是持续创造有效爆款,快速涨粉、快速变现的最快捷径!

视频 27.1 (扫码查看)

视频 27.2 (扫码查看)

图 27.1　康康教练–案例 1　　　　　图 27.2　康康教练–案例 2

视频 27.3 (扫码查看)

视频 27.4 (扫码查看)

图 27.3　康康教练–案例 3　　　　　图 27.4 康康教练–案例 4

CHAPTER

第 九 章

电 商 篇

教你快速做一个会赚钱的抖音号

◀ ◀ ◀ ◀ ◀ ◀

第二十八节 认识抖音电商

抖音从 2016 年 9 月上线以来,发展迅速。2018 年 3 月,抖音联合淘宝开通了购物车功能,正式试水电商。

现在提到电商,人们的第一反应还是淘宝、天猫等平台,淘宝、天猫一直以来都是以搜索为主导,而到了短视频时代,这种以搜索为主导的购物形式则在慢慢发生改变,最明显的就是现在的抖音电商。

抖音电商不再以搜索为主导,而是以内容为主导,形式上,可以通过拍摄短视频吸引流量,然后引导购物车下单成交;也可以进行直播,在直播间直接卖货成交。

产品可以以软广告的形式植入到视频当中,也可以直接围绕产品去拍摄好物推荐类的视频,让用户在短视频中直观看到产品的用法、功能特点等内容,从而直接产生交易。

短视频电商作为一种新的购物形式,已经在一定程度上改变了一部分人的购物习惯,它有一个非常重要的特点,那就是"所见即所得",即时识别,即时信任。

短视频能够通过视频的形式更好地将产品特点直观地展示给用户,让用户对产品有更加准确的认识,有助于提升用户信任度,在这一点上,短视频电商有非常大的优势。

同时,得益于强大的智能推荐算法,抖音能够根据用户的兴趣爱好,推送相关内容,也就能够更精准地找到产品潜在目标用户。

这些都是抖音电商的优势。

抖音电商目前的内容形式大概可以分为四种,分别是:种草类、测评类、产品展示类、剧情类。

1. 种草类

"种草"这个词相信现在大家都不陌生,就是指"宣传某种商品的优异品质以诱人购买"的行为,种草类视频就是在视频中主要介绍产品优点(图 28.1)。

种草类视频也是目前抖音电商最主要的内容形式。

2. 测评类

测评类视频跟种草类有很多相似之处,最明显的就是测评类和种草类视频都会对产品进行介绍;不同的是,种草类视频会着重介绍产品优点, 以达到吸引用户购买的目的,而测评类视频则会更加中立客观地对产品的优点及缺点进行介绍(图 28.2)。

不过实际上, 大部分测评类视频并不算真正的测评,因为测评有一个特点:会客观对待产品的优点和缺点。但用户在购物的时候,没人愿意买到有缺点的产品,所以不少测评类账号在做视频的时候会或多或少刻意忽略掉产品的缺点。

视频 28.1 (扫码查看)

视频 28.2 (扫码查看)

图 28.1 种草类−案例　　　　图 28.2 测评类−案例

测评类视频的优势非常明显,那就是很容易获取观众的信任,所以,如何在测评的公正客观性和用户转化之间找到一个平衡点,是测评类账号需要思考的一个问题。

3. 产品展示类

产品展示类也是抖音电商中比较常见的一个视频形式,相比种草类和测评类视频,产品展示类的内容形式更加简单直接,它的主要形式就是利用视频直接展示产品的用法、功能特点等(图 28.3)。

4. 剧情类

拍摄剧情类视频,在视频中植入产品广告,这是大家都非常熟悉的一种产品宣传方式,这种方式在抖音上同样很常见。

剧情类抖音电商视频的好处,就是能够通过内容吸引用户,只要内容足够吸引人,那流量将会非常之大。但相比前面三种内容形式而言,剧情类视频制作难度相对较大,更适合想打造 IP 以及团队运营的账号,同时,由于视频内容本身跟

视频 28.3 (扫码查看)

视频 28.4 (扫码查看)

图 28.3 产品展示类-案例   图 28.4 剧情类-案例

产品的关联性较差,因此转化率也比前面三种内容形式要低,所以一般不太建议采用这种形式做电商(图28.4)。

从产品的角度来讲,抖音电商也可以分为两大类型:自己有产品和自己没有产品。这两种类型的运营者在运营思路方面是有一些区别的。

自己有产品的运营者,其首要目的是销售自己的产品,把抖音当成一个销售渠道;而没有产品的运营者,主要是利用抖音平台的电商功能卖别人的产品,靠赚取佣金获利,这是两者最主要的区别。当然,只要想运营抖音,不管是有产品还是没有产品,都需要在抖音上输出视频内容。

第二十九节　手把手教你开通抖音电商功能

做抖音电商,我们首先要开通抖音的电商功能。电商功能开通分为两步:一是抖音的商品分享功能,二是开通淘宝联盟账号。

一、开通抖音的商品分享功能

开通步骤:打开抖音,首页点击右下角"我",再点击右上角"≡",点击"创作者服务中心",页面中就有"商品分享功能"。点击商品分享功能,这里我们可以看到开通需要的两个条件:

一是抖音账号通过实名认证;

二是发布视频数量大于等于10个。

达到条件以后就可以申请开通商品分享功能(图29.1),开通以后,在规定时间内完成新手任务,往橱窗里面添加10个商品,到这里,抖音账号的商品分享功能就开通成功了。

抖音的商品分享功能开通以后,就可以在发布视频的时候插入商品链接。

目前抖音产品库里的商品来源主要有两大类:一是精选联盟,也就是抖音小店的商品,因为是抖音自家的平台,所以一直在重点扶持;二是站外电商平

图 29.1　商品分享功能申请　　　　图 29.2　精选联盟

台,包括淘宝、京东、网易考拉、唯品会。目前使用较多的依然是淘宝,以及抖音重点扶持的精选联盟(图 29.2)。

抖音的商品分享功能开通以后就可以在视频中插入除了淘宝以外其他平台的商品,如果想要插入淘宝的商品,那么,我们还需要有一个淘宝联盟账号。

二、淘宝联盟账号

淘宝联盟是阿里旗下的电子商务营销平台。淘宝店铺有一种推广方式叫作淘宝客(淘宝联盟),也就是淘宝商家对产品设置一定比例的佣金,淘宝客可以对产品进行推广,买家如果通过淘宝客推广的链接下单购买,那么淘宝客就能够得到这笔佣金。

这也是自己没有产品的抖音电商运营者们的利润点。

淘宝店的产品达到一定的要求(佣金比例不低于 20%、店铺评分不低于同行等)后,就能够进入到抖音的商品选品库里。

抖音电商运营人员想要在视频里面插入淘宝的商品,除了商品本身符合条件以外,运营的抖音号还需要绑定淘宝联盟账号。

淘宝联盟账号注册流程:

手机先下载淘宝联盟客户端(图29.3),用淘宝账号登录,然后根据提示进行实名认证;

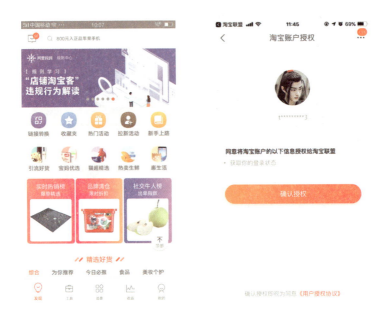

29.3　淘宝联盟手机客户端

或者在电脑端打开淘宝联盟,地址是 https://pub.alimama.com,同样用淘宝账号登录,然后进行实名认证(图29.4)。

图29.4　淘宝联盟PC端

淘宝联盟账号注册成功以后,抖音插入淘宝商品,系统会提示让抖音账号绑定淘宝联盟,根据系统提示完成绑定即可。

第三十节　抖音电商选品技巧详解

从 2018 年上线购物车功能，正式试水电商到现在，抖音电商已经粗具规模,表现在产品上,抖音的选品库里目前已经包含了几乎所有细分类目的产品,其中,最受大家欢迎的主要有美妆护肤、服饰鞋帽、食品、生鲜水果、家居家装用品等五个品类。

做抖音电商,产品非常重要,产品的选择主要参考以下几个标准:

1. 跟账号定位相符

每个账号都有自己的定位领域,例如:李佳琦的定位就是美妆类目,李子柒的定位就是古风美食,明确的定位能够吸引相关垂直领域的粉丝关注,而如果他们突然改变自己的定位,跨界到另外一个领域,在一定程度上,粉丝肯定会有些不适应,甚至掉粉,这就是 IP 人设的作用。

同时,每一个账号都有自己的标签,抖音电商类账号也一样,抖音的内容分发主要靠系统智能推荐,这样的内容分发机制就决定了视频的推荐量在很大程度上是由系统来定的,账号领域越垂直,系统给账号打的标签也就越精准,在内容分发的时候就能更加准确地把视频推送给最可能感兴趣的粉丝。

2. 佣金比例高

做抖音电商的目的就是为了让视频能够卖货,然后从中赚取佣金,所以在选择产品的时候,佣金比例也是一个非常重要的指标。

目前，淘宝系产品只有佣金比例达到 20%以上才能够进入抖音电商的选品库,这对于抖音运营人员来说是一个不错的消息,因为 20%以上的佣金比例其实是非常可观的,甚至一些领域佣金能够高达百分之五六十,所以利润非常高。

3. 选择爆款视频

这是产品选择几个因素里面最重要的一个，不管是在抖音还是在其他平台，用户都有从众心理，这在淘宝、天猫等传统电商平台上显得尤为明显，大部分人都更偏向于购买销量高的产品，因为潜意识里会觉得销量高的产品质量更有保证，而购买销量低的产品风险更高。

所以，相比冷门产品，爆款产品在转化率上会有明显的优势。

4. 选择有实力的店铺

这一点容易被不少人忽略，那就是在选择产品的时候，除了注意产品本身以外，还应该对店铺有要求，要选择有实力的店铺。

在电商平台上，一款产品往往会有很多店铺在售卖，但这些店铺的实力不尽相同，可能有的是工厂、公司运营，有的是个人小卖家。

传统的电商，流量来源渠道相对固定，除了参加一些大型的活动以外，几乎不会出现短时间内订单暴涨的情况。但抖音电商则不同，因为视频的播放量是由系统决定的，因此就存在各种不确定性，一旦某个视频爆了，那么，其对应的产品有很大概率也会爆单，这种不确定性对产品的供应链要求非常高。

因为短时间内订单暴涨，店铺的客服、物流、售后等各个环节都会面临巨大压力，这样的情况，很多小卖家是根本没有能力承受的。

我们自己在抖音电商运营初期就遇到过一次这样的情况，当时一款产品一天时间卖出 6000 单左右，但由于这个商家没有备够足够的货，出现顾客付款但发不了货的情况，结果店铺引来无数人投诉。

这种情况不管是对店铺还是对我们抖音运营人员来说，都是巨大的损失，因此，在选择产品的时候一定要考虑这一点。

抖音电商常用的产品选择渠道主要有三个：

1. 抖音人气好物榜

人气好物榜是抖音官方的好物榜单，它是根据商品分享的热度进行排名，每天中午 12 点更新，每个账号都可以在抖音上查看(图 30.1)。

图 30.1　抖音人气好物榜

　　榜单分为人气总榜以及各个细分领域的榜单,有美容护肤、居家日用、精品女装、食品饮料、母婴用品、个人护理、3C 数码等细分领域,人气总榜有当天热度排名前 50 名的产品,包含了各个细分领域的产品,而每个细分领域里面每天有该领域排名前 10 的产品。

　　抖音人气好物榜能够帮助我们了解抖音电商的产品趋势,每天刷人气好物榜,就能够从中找到当前最受欢迎的这些产品,其中必然也会有符合我们自己账号定位的产品,然后去推这些产品就能够做到事半功倍。

2. 小店达人榜

　　跟人气好物榜一样,小店达人榜也是抖音官方的榜单,不过,小店达人榜只有在已经开通了商品功能的账号后台里才能够看到(图 30.2)。

　　小店达人榜中包含两个数据:商品分享热榜和直播分享热榜,商品分享热榜展示的是前一天成功分享商品数量的排名,每天中午 12 点更新,榜单统计了排名前 50 的达人;直播分享热榜统计的则是上一周达人直播的热度,每周一中午 12 点更新,榜单统计了直播热度前 20 的达人。

图 30.2　小店达人榜

　　达人销量榜的参考价值主要在于我们可以根据自己的定位,找到跟自己定位相近的达人,参考这些达人的产品以及内容,假如有同样适合自己的产品,那么我们也可以推荐这些产品。

3. 第三方数据平台

　　除了抖音官方的数据统计之外,我们还可以借助一些第三方数据平台来查看抖音电商数据,比如抖大大、飞瓜数据网、TooBigData 等。

　　这里以抖大大为例,讲解第三方数据平台的查看方法。

　　抖大大上面有各类榜单,其中就包括抖音电商里的抖音好物榜和小店达人榜,不过由于抖大大是第三方数据平台,其统计的数据与抖音的官方数据存在一些误差,因此会有一些不重叠的数据;同时,抖大大里面查看到的数据甚至比抖音官方的数据更多,例如抖音好物榜,抖音官方数据只能查看排名前 50 的产品,而抖大大上的统计数据差不多是抖音官方数据的 3 倍之多,对运营者来说,数据自然是越多越好,更有参考价值(图 30.3)。

　　除了抖大大,不同的第三方数据平台所统计的数据都存在一些误差,所以,

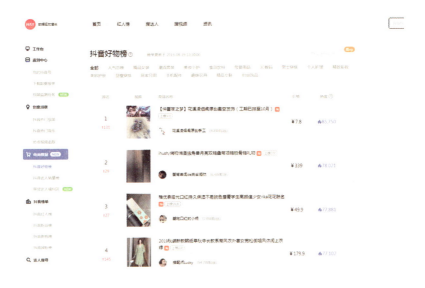

图 30.3　第三方数据平台

多参考一些不同的渠道,有助于运营者了解更多有用的数据。

第三十一节　利用抖音电商打开产品销路

前面的内容,主要是无货源抖音电商的整个运营思路,而对于部分自己有产品的运营者,如线下实体店、生产厂家来说,其抖音运营的思路是有一些差别的。

目前不少生产厂家的销售依然采用 B2B 模式,由于这些年电商的冲击,已经有不少企业开始转型做线上销售,尝试 B2C,并且取得了不错的成绩,但仍不乏一些厂家还没有转型或者转型不成功。

不管是已经在电商中尝到甜头的传统企业,还是没有转型或者转型不成功的企业,在短视频时代,又面临一次不亚于传统电商的机遇。

从近一两年的数据来看,短视频电商等新形式已经对传统电商形成了冲击,尤其是现在以抖音为代表的视频和直播电商,又给用户带来了一种全新的购物体验。

自己有产品的运营者,目的是为了销售自己的产品,主要有两种方法:自己运营抖音账号,或者找达人合作。不管哪种方法,都有一个前提,那就是需要自己有线上的店铺。

线上店铺是传统企业迈入电商的第一步,在传统电商领域,拥有一个店铺并不意味着就真的转型了,还需要一整套的运营流程。但抖音电商跟传统电商有很大的区别,传统电商重运营,抖音电商重内容。

线上店铺对抖音电商而言,它的作用仅仅是用来让用户下单购买,不管是主流的电商平台淘宝、天猫、京东,还是字节跳动旗下的抖音小店,它们都只是中间平台,而不再是重要的流量入口了。所以,传统电商需要花巨大人力物力去重点运营的环节,在抖音电商这里,几乎可以忽略不计。

当然,线上店铺虽然不需要着重去运营,但基本的维护是必须有的,目前,最主流的电商平台就是淘宝、天猫和京东,除此之外,还有字节跳动旗下的放心购平台,虽然短时间内用户对放心购的接受程度还不及淘宝、天猫、京东等,但由于是字节跳动自家的平台,扶持力度比较大,这在抖音电商产品库也能够看出来:抖音把精选联盟的产品放在最显眼的位置。

产品在店铺上架以后,就可以正式开始抖音电商的运营之路了,运营有两种方法:

第一种方法:自己运营抖音账号。

2019 年 7 月 16 日,字节跳动旗下营销服务品牌巨量引擎发布《2019 抖音企业蓝 V 白皮书》,里面提道:截止到 2019 年 5 月,抖音企业蓝 V 账号数量相比 2018 年 6 月增长 44.6 倍,覆盖 28 个一级行业类目、267 个二级行业类目。这还仅仅是企业蓝 V 账号的数据,事实上,抖音里还有无数没有认证蓝 V 的企业运营账号,可以看出,企业的抖音运营已经非常成熟,而且越来越多的企业开始意识到了抖音这个新流量入口的重要性。

"汉尚华莲汉服"是一个运营非常成功的企业蓝 V 号(图 31.1),2018 年年

图 31.1　企业蓝 V 号–案例

图 31.2　马路边边–案例

底注册,仅仅 10 个月左右的时间,就在抖音收获 140 万+的粉丝量,每个月销售额过百万,抖音的销售额超过其他平台 10 倍以上,成交成本却比其他平台小很多。

知名川味麻辣烫品牌"马路边边"(图 31.2),通过企业蓝 V 号的 POI 功能打通线上线下,通过抖音上线活动优惠券的方式,吸引用户进店消费,在整个活动期间,"马路边边"的门店客流量提高了 35%—55%,营业额增长了 6%。

这都是企业利用抖音电商以及企业蓝 V 功能营销的成功案例。除了企业蓝 V 账号以外,还有不少个人非蓝 V 认证的账号也是企业在运营。

自己运营账号,就是自己组建一个抖音运营的部门,去做内容,把产品卖出去,其账号的内容形式可以根据实际情况,结合前面讲的四种抖音电商内容形式来决定。

第二种方法:跟达人合作。

跟达人合作(图 31.3)是一种更加直接的推广方式,抖音上很多专门以卖货为主的达人,有李佳琦这样千万粉丝的大 V 账号,也有很多几万、几十万粉丝的

图 31.3　跟达人合作

腰部带货达人号。

　　跟达人合作的思路就是在抖音上找到一些定位跟自己产品相近的达人,然后给出一个较高的佣金分成比例,通常要在 30%以上,让达人帮你推广,自己只需要做好产品供应链就可以了,这样也能达到双赢的局面。

　　这两种方法如果用好了,效果都非常不错。第二种方法跟达人合作效果较快,也比较省事,想要快速打开销路,这种方法非常不错;如果企业想要长期运营抖音,打造自己的品牌,那么,自己运营账号也是必不可少的,由于大多数传统企业缺乏短视频运营人才,所以需要从零开始建设短视频团队,见效较慢。

　　所以,最好的办法就是两种方法同时进行,企业一边自己培养短视频团队,做长期推广,一边找达人合作,快速打开产品销路。

第三十二节　抖音电商拍摄要点

抖音电商类视频的拍摄整体而言难度相对比较小,前面讲过抖音电商类视频的四种内容形式,除了剧情类,其他三种不管是种草类、测评类还是产品展示类,在拍摄方面,技巧都比较单一。

电商类视频的拍摄可以分为真人露脸拍摄和不露脸拍摄。

真人露脸拍摄有利于让观众记住,更容易打造属于自己的 IP 人设,获取观众信任,难度主要在于出镜人要有较好的镜头感和表现力,能够感染观众,而这也正是不少人所缺乏的,因此就出现了不露脸的拍摄形式。

所谓不露脸的拍摄就是真人展示产品的使用方法、功能效果等,但在拍摄的时候不拍摄人物的脸部,这样的拍摄形式,不会给出镜人造成太大的心理压力,也不需要出镜人拥有良好的表现力等,因为根本不会拍摄人物的面部表情。

不露脸拍摄的优点很多,比如:对人员要求不高,没有达人流失风险,流水线操作,容易批量复制等,但缺点也很明显,那就是内容同质化严重,很难打造 IP。

尽管如此,不露脸拍摄的电商视频在抖音上依然占有很大比例,不露脸拍摄的主要方式有两种:

第一种,室内布景拍摄。室内布景拍摄的思路就是在一个固定的场景内拍摄,比如常见的利用桌布当固定背景进行拍摄,制作成本非常低,以及服装类目的室内固定场景拍摄等(图 32.1)。

第二种,场景化拍摄。场景化拍摄就是根据产品的使用场景,放到真实的场景中去拍摄,比如拍摄厨房用品,那么,就在真实厨房中拍摄,这类拍摄由于还原了真实生活场景,更容易获取观众信任(图 32.2)。

部分工作室在批量运营抖音电商的时候,为了提高效率,往往需要短时间内拍出大量的视频,这在传统拍摄中是一件非常困难的事情,但不出镜拍摄类

图 32.1　室内布景拍摄

视频 32.2　(扫码查看)

图 32.2　场景化拍摄

的视频则可以做到这一点。通常采用的方法就是:一个产品,一个镜头,多个机位同时拍摄,得到不同角度的视频,再通过后期剪辑,就能够在短时间内做出大量成品。

视频 32.3 （扫码查看）

当然,这样做出来的视频本身同质化很严重,其次由于批量拍摄、剪辑,几乎不可能做出 IP,它的运营思路就是用数量去撞概率,看起来很笨,但在实际操作中却很有效。

抖音电商中产品的表现形式是视频,视频最大的优势是能够非常直观地让观众看到效果,这也是消费者买一个产品最关心的问题。

视频 32.4 （扫码查看）

因此,拍摄产品的时候,展示效果非常重要。比如一些热门产品,如拖布、抹布、汽车内饰清洁剂等,都会直接把产品的效果展示出来,给用户一种立竿见影的感觉,给观众造成视觉冲击(图 32.3、32.4、32.5)。

关于直播电商部分,将在后面直播篇中详细讲解。

视频 32.5 （扫码查看）

图 32.3 拖布-案例

图 32.4 抹布-案例

图 32.5 汽车内饰清洁剂-案例

CHAPTER

第 十 章

企 业 篇

手把手教你如何用短视频为企业赋能

◂ ◂ ◂ ◂ ◂ ◂

第三十三节　企业蓝 V 十大功能详解

蓝 V 账号,是抖音针对企业开发的"官方账号"功能。相比个人账号,抖音蓝 V 账号在内容发布、用户互动、营销组件上具有更强大的功能。随着短视频风口的来临,越来越多的企业对"两微一抖"开始重视和认可,但依然还有一部分企业在犹豫,到底要不要投入人力和物力去做抖音。

视频营销是百年一遇的大机会。为什么这么说呢?因为每一次传播方式的改变必将引起社会形态的变化,也就必将带来商业形态的变化。

几千年来,人们追求身临其境、追求无限逼近现实的需求一直没有改变,也就是希望自己能够做到身临其境,自己亲眼所见,然后才会产生信任。

而商业交易的本质其实就是信任。

视频和直播能够最大限度地解决人们的信任问题,说一个产品好、怎么好,视频和直播可以直观展示商品的各种细节,可以和其他产品作直观的对比,让用户所见即所得。信息传达的效率和可信度远远超过图文时代。

图 33.1 这个案例是华为

视频 33.1　(扫码查看)

图 33.1　华为终端–案例

的一个视频,用视频轻松真实地展示出了华为手机人脸识别功能的强大,是不是比用图文方式要直观得多?

所以直播电商将是未来十年商业的标配,不会用直播卖货的人,将来生意会越来越难做。直播销售同传统销售最大的区别是,同样的话术、同样的付出,却有着不一样的效率。

传统销售是一对一的销售,而直播是一对多的成交。同样一段话术,同样的时间,你讲给一个人听,与同时讲给几百人、几千人甚至上万人听相比,所产生的效率和成交的结果是有天壤之别的。

2018 年 6 月 1 日,抖音企业认证全面开放,意味着企业视频营销的时代真正来临了,企业新媒体营销模式势在必行,企业运营抖音账号已成定局。

图 33.2　抖音蓝 V 账号

企业要做视频营销,就必须认证一个蓝 V 账号,也就是抖音企业号,因为蓝 V 是抖音专门为企业量身定制的视频营销工具,相对个人账号有很多的优势。

抖音蓝 V 账号跟企业官方公众号和官方微博类似,是短视频时代企业做短视频营销传播的主阵地,抖音蓝 V 账号有以下十大特权:

一、官方认证特殊标志:建立信任避免假冒,搜索排名优先获取更多曝光;企业蓝 V 账号在用户搜索你的公司名或者品牌的时候,排名是优先显示的(图 33.2)。

二、专属 POI 地址定位,直接把客户引导到店里:此功能特别适合实体店导流,你首先认领自己店铺的地址,并且可以把店铺信息、电话设置到页面上,发布作品时候直接选择自己店铺的地址,然后配合 DOU+功能就可以把你的广告精准投放到店铺周围方圆 6 公里、8 公里、10 公里以内的精准目标客户手机上,并且用户点开后,可以直接看到店铺详细位置,可以直接拨打你的电话,并且可以放置优惠券和促

图 33.3　抖音蓝 V 账号

销海报,这个功能是实体店短视频引流到店的神器(图 33.3)。

三、视频内容置顶:蓝 V 账号可以设置三个优质内容进行置顶展示,让粉丝看到你想让他看到的内容。

四、主页添加官网链接:可直接链接到企业官方网站或者在头条自助建站体系下创建的 H5 页面,增加企业信息的展示和转化。

五、自定义回复功能:视频火爆了私信太多回复不过来怎么办?粉丝半夜联系你没人值班怎么办?都可以用企业蓝 V 的自定义回复功能来解决,增强与粉丝的沟通,提高粉丝归属感和黏性,增强沟通,增加转化,减少流失。

六、评论管理:企业蓝 V 账号有评论管理权限,如果某条评论对自己的企业影响不好可以选择删除;也可以将有价值的、优秀的评论进行置顶展示,以引导用户更好地转化。

七、用户管理:我们可以给用户打上标签,方便对粉丝的精细化管理,进行精准化营销。

八、在抖音蓝 V 号首页添加上电话拨打组件和卡券优惠组件:方便粉丝直

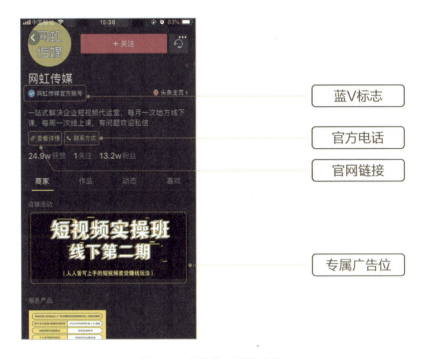

图 33.4　抖音蓝 V 账号功能

接拨打电话联系我们,并且可以直接领取优惠券,增加流量的转化率。

九、主页专属广告位:方便展示最新的活动或者引流信息,比如致电便赠送礼品。

十、不受广告内容的打压:抖音个人账号对营销内容打压比较严重,但是蓝 V 账号就宽松得多,因为蓝 V 账号就是让企业做营销用的。

正是因为企业蓝 V 账号有如此多的特有功能,是企业进军短视频的必备工具,因此所有企业必须重视起来。另外蓝 V 账号的名称具有品牌保护功能,也就是认证过的蓝 V 账号名称别人是无法注册的, 效果就类似于商标注册一样,所以要抓紧注册,以免自己的商标或者品牌名称被别人抢注。

注:企业和个体工商户均可注册蓝 V 账号,但一个营业执照只可以认证两个蓝 V 账号。

第三十四节 企业短视频营销的四大关键要素

要做好短视频,内容是一切的根本。

短视频也是自媒体的一种,在今天这个内容互联网时代,谁能持续输出优质的内容,谁就可以获得低成本的流量,就有了赚钱的基础。

所以要做好视频营销,所有的努力方向只有一个,那就是持续输出好的内容。

在当下这个自媒体时代,在互联网赚钱有 4 个要素:内容、粉丝、流量、变现。

首先有能力持续输出优质的内容、平台需要的内容、用户喜欢的内容,这样才可以获得巨大的流量。

作品有了巨大的流量、充分的曝光,就可以吸引来认同我们、喜欢我们、有共同语言、同频的人关注我们,这样我们就有了粉丝。保持持续的内容输出,持续影响粉丝,粉丝就会对我们产生信任。

一个一个的关注叫粉丝,而一群一群的粉丝就变成了流量。当我们随便发一个作品都可以有几千几万几十万甚至几百万访问的时候,我们自己就有了巨大的流量池,这些流量对我们来说几乎是不要钱的。

当拥有了一群一群对我们有基础信任的粉丝组成的流量的时候,我们再想变现其实是一件非常简单的事情。

前面的课程我们已经讲过,**商业交易的本质其实就是信任**。而关注你的粉丝对你已经有了基础的信任,你推荐的任何产品,他们都会非常感兴趣,因此你变现赚钱,那只是水到渠成、非常简单的事情。

内容、粉丝、流量、变现,这是今天在互联网上赚钱的四个基本步骤(图34.1)。

对标出版业:我们首先要把作品创作出来。对出版业来说,作品一般就是书

01	内容 → 粉丝 → 流量 → 变现
02	创作 → 宣传 → 流量 → 卖钱(出版业)
03	编剧 → 拍摄 → 上映 → 票房(电影)
04	娶妻 → 生子 → 出去 → 打天下(人生)

图 34.1　对标方法论

籍。只有有了作品,你才有产品可卖。然后,要进行宣传,好比开发布会,请媒体做报道,去一些媒体上做节目等进行宣传。通过这一系列的宣传,同时把作品发行到各地的新华书店、网上书店,这样便可以获取到流量。有了流量书就可以卖出去,就完成了变现工作。

对标电影业:首先你要有一个好的剧本。导演拿到这个剧本之后,根据剧本的需要选演员找投资,做一系列工作,进行拍摄制作,然后在电影院上映或者在网络平台上映,通过票房实现变现。

让自己拥有制造内容的能力,同时学会使用最新的工具,抓平台红利,才是这个时代获取低成本流量的核心能力。

做短视频的底层逻辑:涨粉赚钱,就这 4 个字。

涨粉是赚钱的前提,没有粉丝,没有流量,赚钱就无从谈起;而赚钱是最终的目的,不能产生收益的事情,注定是不长久的,只有粉丝,不能变现,也很难坚持下去。

我见过很多号,已经有了几十万甚至上百万粉丝,结果却放弃了更新,根本原因肯定是不赚钱。

所以做短视频,一定要朝着赚钱的目标去做,而涨粉丝是赚钱过程中的一个必经之路。

做短视频的执行要点也是 4 个字:内容流量。

只有制作出好的内容、用户喜欢的内容、平台推荐的内容,才能获取到流量,进而获取粉丝,最终水到渠成地变现。

要想平台给你流量,就要搞明白创作者和平台的关系,想明白输出什么样的内容,平台才会给你流量(在爆款篇中已经详细讲过)。

抖音(快手)平台自身并不生产内容,而是用流量采购创作者的优质内容,回报给创作者的是曝光和粉丝,最终让优质创作者具有自己的影响力(网红),最终转变为财富,让产品产生销售,让品牌得到曝光。

因此创作者和平台应该属于一种共生关系。

然而大多数人的做法是只想薅平台的羊毛,钻空子,急功近利,甚至去刷粉丝、刷评论,而不去努力修炼自己的内功,努力产出好的内容,虽然这样也可以获得暂时的利益,但是很快便会被淘汰出局。

细心的朋友可能会发现,在我们去年刷抖音的时候,经常刷到很多那种字幕翻转型的内容,访问量和粉丝数都非常高,今年你还能刷到吗?还有很多图片轮播型的视频内容,现在基本也刷不到了。

平台初期处于野蛮生长的时候,急需内容,一些不那么优质的内容也能得到流量;但当平台逐步发展成熟的时候,它自然会把这些低质的内容淘汰出局。

所以要想做一个能赚钱的短视频号、能长期发展的短视频号,就必须在内容创作上下功夫,一开始就高标准要求自己,努力输出优质内容,千万不可投机取巧。

第三十五节　企业短视频营销的十大内容体系

企业要做好视频营销,一切工作的重心就是四句话:

内容是立足之本,粉丝是生存之道,流量是增长引擎,引流带货是变现之根!

既然已经知道了做短视频其实就是做优质内容,那么企业做视频营销最重要的核心工作也是输出优质的视频内容。但如何做内容、做什么样的内容,才能帮助企业达到营销赚钱的目的,这是每一个正在做或者即将做短视频的老板必须认真思考的问题。

企业做好视频营销的核心是能够做出有趣、有用的内容,把产品做成内容,把营销做成内容,把店面做成内容,把人做成内容,把客户做成内容。但所有内容必须有趣、有用,切记:千万不要拍硬广告。

可现实中传统老板为什么做不好视频营销呢?根本原因还是传统老板都有一个根深蒂固的广告思维,认为视频营销就是介绍自己的产品,展示公司实力,认为视频营销就是拍硬广告,而做短视频,最核心的两点就是有趣、有用,问一下自己,你喜欢看别人的硬广告吗?

关于企业做视频营销如何做内容,我们总结了十大方向。

1. 把产品做成内容

每个企业都有自己的产品,可能是实物产品或者是虚拟产品,如何用短视频的方式,把产品以有趣、有用、有料的方式展示出来,是视频营销能否成功的关键。

图 35.1 这个视频是小米手机的宣传广告,这个主题是一个系列内容,这个系列主要目的是展示小米小金刚屏幕硬度高、耐摔的。有拍核桃的,有用高跟鞋踩的,有直接摔地上的,我们看到的这个视频是整个系列中的第十集。

整个系列都没有采用传统广告那种列举一堆的参数和性能、王婆卖瓜式的硬广告,而是采取让人提心吊胆的方法,用视频的直观性告诉你小金刚就是结实、耐摔。有过手机被摔坏经历的伙伴,是不是立即就有心动的感觉,想要买一部呢?

2. 把营销做成内容

短视频自媒体时代,营销就是内容,内容就是营销。

图 35.2 这个案例是一个手机修理店的营销广告,它用了一个简单的对话场

景,不但告诉用户他这里修手机便宜,而且告诉用户他们这里为什么便宜,打消用户便宜没好货的顾虑,最后用团队形象展示镜头告诉用户他们的实力,给用户身临其境的真实感和信赖感,虽然是一个营销广告,却没有让用户感受到任何硬广告带来的反感。

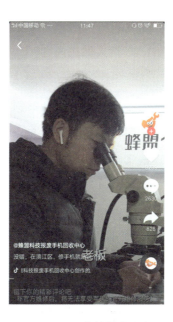

视频 35.1 (扫码查看)

视频 35.2 (扫码查看)

图 35.1　把产品做成内容　　　图 35.2　把营销做成内容

3. 把生活做成内容

作为企业的创始人、老板或者主要负责人,如果有个人 IP 的话,那么可以给企业带来非常多的流量和价值,而把创始人的故事和生活做成内容,就是一种非常好的内容方向。

"万般微颜"(图 35.3)这个账号是做微商化妆品品牌的,做抖音的目的很直接,就是为了招代理商。她用短视频的方式,把自己的日常生活展示出来,住着别墅,瓜果蔬菜在自家院子里摘,又过着如此精致有品位的生活,而这种生活状态是大多数女人所向往的。

而做微商的群体主要是宝妈,当这些宝妈群体看到品牌创始人过着自己向往的精致生活的时候,会不会在潜意识里认为,自己跟着她干就有可能获得跟她一样的生活,一样能住上别墅呢?这种方式是不是比传统微商晒豪车、晒旅游、晒五星级酒店照片要更加真实、更加有代入感呢?

4. 把人做成内容

有句话说"每个女人都是一本书",在短视频里每个人都是内容。图35.4这个案例是一个卖女装和化妆品的达人,视频内容说的就是平时自己上班的样子,喜欢真丝衬衫,既体现出了自己的品位,同时也告诉了大家衣服对在职场上快速获取上司以及客户的好评非常重要。

当粉丝认可了她这个人的品位和在穿搭方面的专业知

视频 35.3 (扫码查看)

视频 35.4 (扫码查看)

35.3 把生活做成内容　　　　图 35.4 把人做成内容

识后,对她便产生了信任,她再卖衣服就太简单啦。

5. 把场所做成内容

所有的实体店,都是同客户接触的场所,在粉丝经济时代,所有的实体店都应该肩负两个功能:第一,网红打卡点,让客户来打卡,发短视频,达到多少赞就免单;第二,把店面做成内容来运营企业的蓝 V 账号,获取海量的曝光,把自家店铺打造成一个区域网红店。

视频 35.5 (扫码查看)

图 35.5　把场所做成内容

把场所做成内容的案例(图 35.5)是"黑河腰子姐",一个烧烤摊因为拍短视频火了,很多粉丝专程坐飞机去吃烧烤、拍照、拍视频。

6. 把客户做成内容

很多人做短视频的时候,会为自己没有特色、没有颜值、没有才艺、没有干货等原因而无法突破,如果你也遇到了这种问题,可以改变一个方向,尝试把客户做成内容,也就是拍别人。

图 35.6 这个案例是一个超市老板,专门找了个好玩的美女扮演客户,以超市结账为场景,通过美女得寸进尺的砍价环节,既让用户收获了快乐,又体现出了老板的善良与朴实。

7. 把知识做成内容

每个老板,其实都是一个行业专家,都深刻了解行业各方面的知识、窍门以及内幕,把这些知识用短视频的方式分

视频 35.6（扫码查看）

视频 35.7（扫码查看）

图 35.6　把客户做成内容　　　　图 35.7　把知识做成内容

享出来，就会有非常多的用户需要，就能收获很多的粉丝，粉丝认可了你之后，就有机会成为你的客户。

去百度、头条、知乎、微博等平台搜集 100 个行业最热门的问题一一解答，就是一个做短视频营销非常好的内容输出方向。

图 35.7 这个案例很简单，一个优雅的女士介绍了关于进门和出门的礼仪，很简单，但这是被大多数人忽略掉的知识，该作品收获了 76.1 万个赞，播放量 2000 万以上。

把知识做成内容是适用范围非常广的领域，也是涨粉率最高的主题，尤其像汽车、经管、营销、母婴、礼仪、国学、亲子等领域。

8. 把经验做成内容

像生活妙招、手机使用技巧、带娃技巧、工作技巧等各方面的经验，用短视频展示出来，就会有非常多的人需要，进而

成为你的粉丝,购买你的产品
(图35.8)。

9. 把爱好做成内容

兴趣是最好的老师,每个
人或多或少都会有某方面的
爱好,喜欢的东西自然会用心
深入研究它,就会学到很多的
心得、很多的技巧,把这些心
得技巧展示出来,就是很好的
内容,因为有太多跟你有相同
爱好的人还不知道这些知识
和技巧,并且你还可以把这些
知识和技巧直接变现。

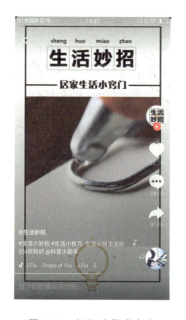

视频35.8 (扫码查看)

图35.8 把经验做成内容

图35.9是钓鱼的视频,说用自己做的饵料,可以钓鲫鱼、鲤
鱼、草鱼等多种鱼,而且很快就钓到了一条大鲤鱼,看评论里

视频35.9 (扫码查看)

图35.9 把爱好做成内容

面,全都是想买饵料的人,他直接就可以通过卖饵料变现了。

视频 35.10 (扫码查看)

图 35.10　把职业做成内容

10. 把职业做成内容

如果你的职业是厨师、律师、空姐、法官、消防员、主持人、演员、货车司机、出租车司机、抢险工作者等,具有大众不能经常接触到的经历,容易让人产生崇拜、好奇,或对人有用,那么把你的工作直接做成内容,就是非常不错的方向。

图 35.10 是一个厨师教做菜的视频,是每个人都需要的内容,所以非常受欢迎。抖音里面教做菜的千万级粉丝大 V 有好几个。

关于企业进军视频营销的内容方向,我们就讲这十种,其实内容的方向还有很多,只要大家用心去观察,不断学习,就会有新的发现。

第三十六节　实体店抖音引流获客大法

实体店如何玩转抖音短视频,获得大量的客源,让自己的店铺火到爆呢?下面选几个行业来具体讲解如何用抖音营销获客,把自己的店铺打造成网红店。

一、餐饮行业

餐饮是一个非常传统的行业,竞争非常激烈,每年都有

30%左右的餐厅停业转让，同时有30%的新饭店开业，作为餐饮店的老板，如何才能利用抖音短视频获取客户，让自己的生意火爆呢？

1. 用抖音短视频吸引客户

通过抖音发布视频，插入饭店位置（图 36.1），别人刷到视频的时候，就会显示饭店位置，如果你的视频有意思，饭店的饭菜拍出来特别好看，让人感觉有食欲，那根本不用发愁没有客户上门，视频下方的评论中，全部都是 @ 自己的男/女朋友，要求一起去吃的评论，这威力是不是很大？

图 36.1　餐饮行业-案例

视频 36.1（扫码查看）

图 36.2 这个案例简单拍摄了服务员上菜的视频画面，

视频 36.2（扫码查看）

图 36.2　熊猫小院-案例 1

图 36.3　熊猫小院-案例 2

短短 10 秒左右的内容,就有 15 万人点赞,差不多有 500 万以上的播放量,这个数据是非常恐怖的,除了本地人,很可能会吸引外地的人慕名而来。

点击视频上的位置链接,打开可以看到商家的电话、位置信息,点击位置,直接就可以导航到饭店(图 36.3)。

如果还想进一步扩大宣传的话,就可以直接把视频上 DOU+,然后直接覆盖周围 6 公里、8 公里、10 公里的精准客户,只需要几千块钱就可以把周围的用户覆盖一遍,是目前最有效的实体店推广方式。

看了上面的案例,你是不是也有了自己的新思路?

下面继续说餐饮行业如何招收加盟商。相对于招商加盟的利润,经营饭店的利润是很小的,招商才是暴利,除了数万元到几十万元不等的加盟费外,日常的原材料供应,也有非常大的利润。如何做呢?

2. 用抖音短视频招加盟商

拍摄餐厅火爆的排队场景、客户用餐的场景、后厨忙碌的场景,或者直接拍摄自己的产品,配合抖音热门音乐发布就行。真实的展示更能打动人,更能获取信任,免费的宣传甚至比花费巨额广告费推广更有效果(图 36.4)。

扩展思路:

除了自己发布视频吸引客户外,餐饮类店铺还有一个快速打开市场知名度的短视频裂变思路:

在餐厅设置一个打卡休息区,专门让等待的客户拍视频,发布时插入饭店位置,结账时按客户的视频播放量(点赞量)给予优惠。

这个裂变起来效果是非常恐怖的,为什么呢? 先来看下抖音的推荐功能:

图 36.4　用抖音短视频招加盟商

（1）通讯录好友推荐；

（2）用户的粉丝推荐；

（3）附近的人优先推荐。

这意味着什么呢?其实就相当于客户向好友以视频的形式宣布:我来这里吃饭了。大部分用户的抖音好友和粉丝,基本都在同一个城市,并且很可能就住在附近,当好友以后不知道想吃什么的时候,很容易就会想起来朋友来吃的这家美食了。

另外,用户发布的抖音视频,还会推送给附近的抖音用户,别的用户看到视频内容的时候,就会被勾起好奇心,感觉这家餐厅的味道真的不错,以后选择吃饭的概率也是非常大的。

二、驾校驾考

如今驾校行业的竞争也非常大,每个城市都有一大批驾校,每家都在用低价来抢客户,到处宣传。如果你作为一个比较前沿的驾校负责人,应该怎么用抖音引爆你的驾校生源呢？下面分享一个案例,直接模仿就可以了。

图 36.5　康康教练-案例

图 36.5 是一个教人如何侧方停车的视频,一共有 158.5 万个赞,有几千万的播放量,意味着有全国几千万人看到了这个视频。同一个城市的人,如果有人想考驾照,是不是会关注这个视频的教练,然后找他报名学车?实际情况是,他的视频爆了以后,有太多的人要找他报名学车,火爆到一个驾校根本无法容纳,是不是很震撼?

原来这个号叫"郑州驾考康康教练",因为驾校这个服务行业地域性限制很大,外地的客户是不可能会来这边学车的,后来,他修改了名字,去掉了郑州这个地域限制,这样盈利范围会更广泛。

比如,卖学车教学视频,一份资料几十块钱,但完全没有成本;比如,对接全国各个驾校,帮学员推荐靠谱的驾校,每推荐一个学员都可以赚到相当可观的佣金……盈利的方向还有很多。

对驾校来说,这类内容非常好做,视频素材来源也非常简单,驾校根本不缺素材内容,现成的车和教练,包括很多在学车的学员,学员学车过程中好玩的瞬间,都是可以制作出非常多的视频内容的。怎么拍呢?举几个例子:

1. 拍摄学员学车过程中,笨手笨脚的样子、左右不分的样子;

2. 拍摄教练严格训学员的过程,高标准严要求,是对每个学员的生命安全负责,这是正能量的内容,很容易出爆款;

3. 拍摄教练亲自演示教学的过程,吸引想学车的人点赞关注。

对驾校来说,基本上学校发生的所有事情,都可以拍成短视频发布,成为驾校宣传和引流的工具,每一个内容,都可以触达成千上万的用户,并且这个流量还是没有成本的,这是一个超级红利期,目前意识到的人非常少,想想就让人很兴奋。

当多数同行还在拼命发传单,在路边吆喝着降价招生的时候,你一个视频就可以让几万人观看,这两者之间的营销威力差别,简直就是冷兵器和核武器的区别。所以,短视频和直播才是未来营销的趋势,实体店一旦掌握使用视频营销的方法,将会秒杀同行。

三、健身房

健身房的客户主要是中年男女,他们是短视频的主要用户群体,用短视频做宣传非常合适,如果再配合 DOU+直达附近目标客户的话,效果会更好。

图 36.6 这个案例通过讲述一个女士结婚后身体走样被老公不待见,她痛下决心去锻炼身体、塑造形体,最后完美逆袭甩开男人一个人离开的剧情,让太多女士产生了强烈的代入感,感觉就是在说自己,于是也有了改变自己的冲动。

同时视频中教练的专业和耐心,让用户对这个店有了很强的好感和信任,如果条件允许就会直接去这家店,哪怕比别家贵。

视频 36.6 (扫码查看)

图 36.6 健身房–案例

四、美发店

图 36.7 这个案例美发店把给客户做头发的过程和最终效果展示出来,很多看到作品的小姐姐便会慕名去店里做头发,甚至长途跑去。因为通过视频展示,她们对这家店和这个美发师的技术产生了信任,便不再在意价格,所以利润非常

视频 36.7 （扫码查看）

图 36.7　美发店-案例

高。

关于实体店利用抖音营销引流到店的案例还有很多，由于篇幅原因就不再一一举例了，大家可以根据上面的案例举一反三，套用到自己的店铺即可。

第十一章

进阶 篇

抖音快速爆粉的秘密

三十七节 爆款神器 DOU+的正确使用方法

DOU+是抖音推出的一款付费内容营销工具,DOU+功能可以把用户的视频推荐给更多精准的人群,提高视频播放量,说白了就是花钱买流量推广视频的功能,和其他平台的付费推广是一样的,就是自费推广视频。

用法:打开抖音,打开自己想要推广的视频,点右下角的三个点,然后在弹出的菜单里选择"DOU+"上热门功能即可(图37.1)。

图 37.1 DOU+功能

点开后即进入"生成订单"界面,可对想要加热的视频进行不同金额的投放;在主页上点击更多功能,还可以在"DOU+订单管理"中查看历史投放记录。这一整套的操作使用手机就能完成,十分便捷。

DOU+支持三种投放模式,分别是"系统智能投放""自定义定向投放""达人相似粉丝投放"。"系统智能投放"由系统主导,会智能选择可能对推广视频内容感兴趣的用户或潜在粉丝进行展现;"自定义定向投放"则由用户自主选择,可以选择年龄、性别、兴趣、地区,尤其地区选择可以精准定位到店铺周围方圆 6公里、8 公里、10 公里,非常适合实体店引流获客到店;而"达人相似粉丝投放"则可以选择自己领域比较有影响力的达人的粉丝进行投放,获得非常精准的曝光。

投放金额有 100、200、500、1000、2000 元五个选项,用户还可以自定义金额,支持多次投放。初步来看,"预计播放量提升"与投放金额成正比,比如"系统智能投放"100 元预计能提升 5000 以上播放量(一般给 10000 左右),多投多得。

图 37.2　自定义定向投放 1　　图 37.3　自定义定向投放 2　　图 37.4　审核未通过

推荐给我的粉丝功能,是将视频推荐给已经关注自己的粉丝,让所有粉丝都能看到推荐的作品,适合在给粉丝发布通知、直播预告等时候使用。

DOU+投放的注意事项:

一、广告类视频

刚看到这个功能,很多品牌商都非常兴奋,DOU+功能岂不是对广告视频很

有利,广告成本这么低? 实则不然,平台规定可以使用 DOU+投放的视频不可以有明显的营销、广告类内容,否则审核不通过:

1. 视频内容中含有明显的品牌定帧、品牌词字幕、品牌水印、口播广告;

2. 视频背景中含有明显的品牌词、商业元素;

3. 视频中有明显的夸大、虚假信息或者效果保证信息;

4. 在视频和视频描述中出现了联系方式:电话、微信号、QQ 号、二维码、微信公众号、地址等;

5. 包含明显的营销招揽信息:标题招揽、视频口播招揽、视频海报或传单招揽、价格信息、标题产品功效介绍等;

6. 明显的品牌营销信息:品牌定帧、商业字幕、非官方入库商业贴纸、非官方入库音乐等。

含有以上内容的视频一般不允许投放。

二、蓝 V 账号投放

很多蓝 V 账号也经常遇到用不了 DOU+的情况,可能是因为视频内容跟营业执照经营范围不符合。比如你是卖服装的,你的视频是推广美食的,蓝 V 号就投不了,但个人号并不受影响。

三、怎样投放 DOU+效果更好

在视频发布的过程中,抖音会根据内容、文案、话题、地点(定位)、粉丝数、过往发布内容历史等数据,推荐给首批用户,获得首次播放完成度、点赞、评论及分享数据后,再根据效果,进行多次持续推荐。

也就是说并不是金额越高,实际播放量提升效果就越好。影响投放效果的因素很多,俗话说,钱要花在刀刃上,那么我们怎样投放 DOU+效果才更好呢?

1. 投放之前,要思考清楚

(1)是否有清晰的粉丝画像?

(2)是否有明确的引流转化变现目的(线上或线下)? 如果有的话建议选择【自定义定向投放】,如果没有就选择【系统智能投放】。

2. 先验证,后投放

DOU+虽然是我们用钱来买流量的手段,但目的还是为了获取粉丝,增加曝光和关注,最终变现。正确的投放策略是这样的:

(1) 先看视频的原始流量 (视频发出去之后, 系统的推荐以及粉丝的反馈);

(2)反馈好的视频,说明能够得到粉丝认可,适当投放 DOU+;

(3)如果第一波反馈不好,硬推的话,可能有曝光,但是带来的增粉效果,以及带动视频进入更高推荐池的效果就远不如反馈好的视频。

3. 投放的时间

一般在出现爆款、小爆款视频之后,且爆款视频自然推送流量结束时进行投放。

这样做,一、不浪费系统本身给你的推荐量;二、便于计算 DOU+的具体推送数据;三、爆款联合 DOU+,更容易引发视频的二次系统推荐。

一般来讲,后台显示的推送量会大于购买的推送量。

4. 如何判断爆款?

爆款视频的判断要根据已有账号的推送量,不同账号所处的领域、人群不同,爆款视频的推送数据也彼此差异很大。

(1)对于新账号来讲,系统推送超过 10 万,可以投放 DOU+;

(2)对于老账号来讲,单个视频播放量超过平均数据的 5 倍左右,可以投放 DOU+。

这样投放出来的数据和转化率才是比较划算的。

四、投放 DOU+要避免的 3 个误区

误区一:过分依赖 DOU+效果

首先你要知道,DOU+只是抖音视频平台的一个加热工具,只能起到助推的作用,只能为你带来更多的展现量和播放量。你的视频最终能不能爆,关键还是得看内容,内容不行,你砸再多的钱去投放 DOU+,也是白搭。

误区二:忽略视频内容质量

上面也说了 DOU+只能带来展现和播放量,而点赞、评论、转发、转化等数据是不可控的,这些数据取决于视频内容,如果你忽略了视频内容质量也是不行的。通常抖音要求视频时长要在 15 秒以上,不含任何违规因素,才会审核通过,才能进行 DOU+投放,所以一定要确保视频内容质量优良。

误区三:错过 DOU+最佳投放时间

抖音 DOU+投放的时间点是很关键的,视频发布时间越往后,DOU+效果越不明显。看到视频有爆的苗头,就用 DOU+助推一把,让播放量成倍增长,这样视频爆的概率就更大了。如果你错过了这一黄金时期,再怎么砸钱到 DOU+都是无济于事的。

如果你的目标客户群体明确,建议选择自定义方向或达人相似粉丝投放DOU+,这样可以精准引流。一定要考虑好各方面的因素,再决定投放哪个视频,最后再做好留言回复及引导关注,这样才能让效果最大化。

第三十八节　矩阵导流爆粉的"九阳神功"

抖音平台的流量如同大海,而每一个账号如同一个小盆,一个小盆盛水的能力是非常有限的,为了获取更多的流量,我们就需要同时运营多个账号,也就是账号矩阵。

单脚走路,走不动了就没法前进了,但是像蜈蚣一样走路,即使断了一些腿依然能够前行;做矩阵不但能够相互帮扶,还能快速建立起一个铁三角,走得更长远。其实有很多大 IP 都是由矩阵的玩法做起来的,比如于虎这个矩阵。

抖音里,"虎哥说车""虎哥脱口秀""于虎"都属于一个矩阵(图 38.1),不把鸡蛋放在一个篮子里,跑起来才比较放心,否则一旦某个账号出现了意外情况,损失就会非常惨重。

图 38.1　矩阵账号-案例 1

另外,我在这里建议大家做矩阵时,最好就做同一个领域的矩阵,比如汽车领域的矩阵号:

"老丈人说车""祝晓晗""一墨说车"(图 38.2),都是这个垂直领域的矩阵,他们在这个领域获得大范围的流量覆盖,更容易获得广告商的青睐。

图 38.2　矩阵账号-案例 2

既然要做,那么在精力允许的情况下,各个账号就不要再单打独斗,直接把矩阵做起来,这样才安全。通过矩阵快速涨粉的诀窍有很多,下面开始讲抖音矩阵导流爆粉的"九阳神功"。

1. "九阳神功"第一层:大 IP 带小 IP 出镜

比如"大姐夫"(图 38.3)这个抖音号 IP 已经成熟以后,经常会出镜带一些小的 IP,很快把小 IP 也带火起来,直接扩大矩阵的流量。

视频 38.3 (扫码查看)

图 38.3 大 IP 带小 IP 出镜

2. "九阳神功"第二层:直接 @ 出对方,导流获得关注

我们在刷抖音时,一定会发现很多的大 IP 都会在标题或者评论里,@ 出矩阵小号,或者是相互 @,这样能直接为对方导流,快速建立起一个新的矩阵账号(图 38.4、38.5)。

3. "九阳神功"第三层:矩阵号评论互动

为了得到更多的曝光,矩阵小号可以在视频发出来前

视频 38.4 （扫码查看）

视频 38.5 （扫码查看）

图 38.4　导流获得关注–案例 1　　　　图 38.5　导流获得关注–案例 2

就想好一个神评,等大号视频一发布就评论,然后将评论置顶,这样就可以从评论里获得流量和关注度,这种导流方式小号能够得到很大的曝光, 并且不会引起观众的反感 (图38.6）。

4. "九阳神功"第四层:通过签名引导引流

通过签名引导的案例在抖音非常常见,但是这里有一点非常重要:账号初期不能在签名栏往站外导流,但可以向矩阵下的其他抖音号导流,这种方式最好是在内容中有对方出镜或者参与,直接在签名中进行引导导流,或者直接做其他类型的导流,我们可以看看图 38.7 这个案例:

抖音号"Dai 呢师姐"和"Sao 呢师傅",是同一个矩阵旗下的账号,两个账号的风格相似,因此粉丝属性也非常相近,于是分别在两个账号的签名中向另一边进行引导,将用户资源最大化。

视频 38.6　(扫码查看)

图 38.6　矩阵号评论互动–案例

图 38.7　签名引导引流–案例

5. "九阳神功"第五层:直接转发小号作品

当矩阵中有了具有一定粉丝量的账号以后,由于大号粉丝较多,流量都会比较大,再用大号直接转发小号的作品,能够大大提升小号作品的曝光量,矩阵够大,大号越多,粉丝属性越相近,效果越明显。

如图 38.8 中,"草莓青"是矩阵中的大号,除了这个大号以外,另外还有一个新号"莓老板",以及一个专门做电商的穿搭号"迷你草莓青",在矩阵运营中,就采取了用大号"草莓青"来转发小号作品的方法,能够快速给小号带去流量。

6. "九阳神功"第六层:用关注的号引流

矩阵号里的每一个号,都只关注自己的号,喜欢列表里也是(图 38.9)。当大号有了大量的粉丝和流量后,就会有很多的粉丝好奇,想看看达人会关注些什么号、有什么爱好,就会点进关注列表和喜欢列表,自然就会给矩阵号带来不错的流量。

图 38.8   直接转发小号作品–案例

图 38.9　矩阵号里的喜欢列表—案例

7. "九阳神功"第七层:蹲点给大号神评曝光

作品发布后,往往在最开始的几个小时里流量最大,因此要借助神评论导流,就需要把握好时间,在大号发布作品后,第一时间评论。抖音大号的流量大多是几百万上千万,不少人刷到视频都会点开看评论,所以为了增加自己账号的曝光率,总结 50 个神评,蹲点等大号更新,第一时间跑过去针对性留下神评,只要你的评论能在前 5,将会有大流量被引导过来(置顶效果更好),从中获得粉丝(图 38.10)。

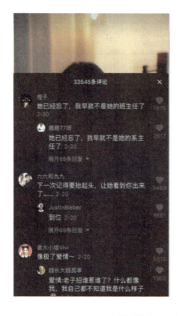

图 38.10　大号神评论–案例

8. "九阳神功"第八层:发作品 @、# 大号

发作品的时候 @ 大号或 # 大号,如果你的作品内容有意思,引起了大号的关注,那么,这些大号可能会回复你或者转发你的作品,这个时候大号就会给你带来非常大的流量。

"李雪琴"(图 38.11)在这方面就做得非常成功,最初她在每个作品里都会隔空喊话吴亦凡,得到大量网友的围观、评论、转发,最终得到了吴亦凡的回应,涨粉上百万。

9. "九阳神功"第九层:直播间互动

用小号去大号的直播间互动、刷礼物,或者大号在直播中直接口播小号的价值,让大家关注小号,也是非常好的导流方式。

图 38.11　发作品 @、# 大号-案例

第三十九节　如何配置出 1000W+ 爆款短视频团队

很多想要进军短视频行业的小伙伴表示,前期遇到的最大阻力就是不知道团队成立初期,到底需要什么样的人才,需要具备哪些技能,很多小伙伴担心要招的人手太多,成本太大。

其实初期只需招以下岗位(图 39.1),就可以保证初期团队的正常运作。

图 39.1　视频创作团队职能

一、人才分工

创业初期,由于资金运转不开,各部分人员肯定不能一下子全配齐,所以需要每个人都能够身兼数职。

1. 编导:编导可以是一个项目的负责人,他在一个节目里的地位非常关键,作品的风格、选题、策划和脚本,甚至是后期处理也要提供意见,编导是最主要的一个岗位,需要精通自媒体运营和平台规则,具有爆款的网感。

2. 摄影:摄影师,顾名思义,负责拍摄,初期摄影可能还要负责一些场地的把控、摄影棚的搭建等工作。另外,短视频的拍摄跟传统企业宣传片的拍摄有很大的区别,需要编导来沟通和培训。

3. 后期:后期主要是负责制成最后的成片,短视频的后期也需要有较好的网感,能够把握短视频的剪辑节奏、常用的音效、当下火爆的音乐等;运营的工作很多时候也可以由后期担任。

4. 达人/演员:演员在账号上是不可或缺的一员,特别是现在短视频行业走向精细化运营,高黏性的 IP 人设就是一个账号的灵魂,可使内容更加生动,起到锦上添花的作用,增强粉丝的黏性和信任,一个优秀的 IP 人设是后期变现的保证。

四个职位相辅相成,息息相关,既提高了制作效率,也提升了作品水平。

以上就是短视频团队的基础人员配备,前期可以适当增减,一人身兼数职的情况比较多见。但团队是一个整体,要打造一个高效率的团队,不仅需要找对人,还需要团队之间相互配合!

编导在做出选题策划以后,可以在团队内部进行头脑风暴,最后再制作脚本;达人在具有一定网感以后,也可以参与剧本的操作;摄影师与后期人员配合剪出满意的作品,最后由编导审核……

二、短视频团队的投产比

对于初创公司来说,招人太多则成本过高,那么打造一个高效的短视频团队,优先考虑投入产出比显得尤其重要,可以看看下面的大咖们是怎么做的。

以五月美妆为例,五月美妆是美妆短视频领域头部 MCN(多频道网络)机构，五月美妆的品牌总监小乌龟经历了达人招募和短视频团队组建全过程，他们坚持自营孵化达人，并要求达人具有内容原创能力。孵化周期一般为两个月，需要达人在任一短视频平台涨粉30万。

达人收入由底薪加提成两部分构成，当达人粉丝达到50万、80万、100万节点时，公司会给予相应奖励。

五月美妆的日常管理采用编导责任制，一个编导带两三个达人组，每个达人和拍摄加剪辑师组成一个组。此外，小红书、微博图文内容有一个部门整体负责。

他们对于美妆达人挑选标准有四个：一、颜值；二、内容生产能力，达人需要自己撰写脚本；三、一定要热爱美妆行业；四、性格比较重要，这决定了达人是否能长久地跟团队走下去。

当然，五月美妆已是非常成熟的短视频运营机构，而对于新成立的短视频团队来说，其投产比很难达到这样的水准，可以降低标准来运营。

前期的投入方面，主要包括两个部分：一是团队人员工资，二是设备投入。团队人员工资投入因不同地区的工资水平而定；设备投入需要根据节目定位来确定，小团队的全套设备投入往往在1万—3万。

产出方面，团队在建立初期往往以产量为准，一个团队日产量一般在1—5条。

三、短视频团队绩效考核管理

绩效考核管理主要集中在两个方面：视频产出数量和周期涨粉量，如果是电商类账号，还需要考核销售额。每个公司都可以根据自己的规划和目标进行绩效考核。

以上三点就是1000万+播放量的短视频团队人员配置必不可少的，供即将进军短视频营销的朋友参考。

第四十节　下载抖音作品如何去水印

很多朋友在做短视频的时候，都想从别人的抖音作品里截取一部分素材，比如做好物推荐类、蹭名人类、小哥哥小姐姐或者特殊场景，但是直接下载下来的视频都带有水印，手工去水印又非常麻烦，本节就教大家一个简单快速去除水印的方法，让你以后再也不用为素材有水印而发愁，方法如下：

1. 打开抖音，打开需要的素材视频，点击视频右下角的"转发"（图 40.1）；

2. 选择"复制链接"（图 40.2）；

图 40.1　去水印–步骤 1　　　图 40.2　去水印–步骤 2

3. 打开微信，点击"发现"，然后进入"小程序"（图 40.3）；

4. 搜索"视频去水印"，选择第一个绿色图标的（图 40.4）；

5. 点击输入框，刚才在抖音中复制的链接地址会自动粘贴进去（图 40.5）；

6. 解析完成后,点击"下载",即可把无水印的短视频保存到手机相册里(图40.6)。

图 40.3 去水印–步骤 3

图 40.4 去水印–步骤 4

图 40.5 去水印–步骤 5

图 40.6 去水印–步骤 6

第 十 二 章

案 例

经典案例分析，让你站在成功者的肩膀上

第四十一节　一条抖音带来百万业绩，
服装实体店引流可以这样做!

人流在哪里,生意就在哪里!

对于久耕线下渠道的门店来说,很多老板可能还没注意到短视频的影响力,或者已经注意到了短视频平台巨大的流量,但不知道怎么做,仍然处于观望之中。

然而,别人却在抖音、快手卖衣服,1 个小时 50 万;抖音卖货,小姐姐月入 10 万;快手上只卖裤子,月入 100 万……一年多来,这样的新闻频频见诸媒体。

相关数据也显示, 抖音的日活跃用户数达到 3.2 亿, 月活跃用户数达到 7 亿,这个数据已经超过了淘宝,紧跟微信。而且,随着 WIFI 的全面覆盖,以及 5G 时代的到来,视频较文字、图片等传播媒介的竞争优势愈发凸显,其 15 秒的快节奏内容、直观的视觉体验,更迎合当下年轻人的碎片化阅读喜好。

抖音用户聚焦于 18—24 岁的年轻群体,它是千人千面的,却是可以从一线城市一直打入四、五线城市的 APP,这是连淘宝和京东都无法做到的。

传统店铺都有自己的主业,在有了清晰的用户群体定位之后,就社交电商而言,一切营销都是内容的营销,以内容来吸引用户。抖音的内容分发规律总结为 3 个核心逻辑点,踩中其中 1—2 点,便能获取到非常好的结果。

一、制作抖音内容核心逻辑的第一点是人群,即你的内容是否符合你想打入的人群。

抖音平台遵循的首要核心算法叫完播率,比如你打开第一条视频,如果全程 15 秒看完了,则称为一次完播;如果只看了 3 秒或者 13 秒,便滑到了下一条,完播率就比较低,系统就会判定你的作品没有那些完播率高的优质。系统会给每个抖音账号一定的基础播放量,以便从这些基础的播放量中统计出基础的用户反馈,来给你的作品进行打分。

二、制作抖音内容核心逻辑的第二点是触动,即你的内容是否能触动观众。

多问自己,15秒的视频凭什么让人看完?这就要求你的内容要足够打动人,要么有趣,要么有用,要么好玩,要么猎奇,要么超出用户的认知。

内容主题要能体现定位。定位有行业定位、人群定位、个人特长定位,因为定位很重要,决定你吸引的粉丝是不是精准,后期能不能变现。

行业是确定的,定位找到了,表现手法找到了,IP找到了,那么你做短视频营销的第一个步骤就完成了,接下来实施就可以了。

图41.1　抖音标题-案例

另外,发布作品的时候,作品标题多用疑问句,这样可以引发用户的评论,增加内容的播放量。例如《马上要年会了不知道穿哪件衣服?》,该标题不仅容易产生共鸣,还能带动参与感,比如评论留言都在讨论哪一件好看。

PS:《职场白领每天上班不知道穿哪件衣服?》《清明小长假出门旅行不知道穿哪件衣服?》《夏天快来了不知道穿哪件长裙?》等标题都可以引发网友的关注和讨论(图41.1)。

三、制作抖音内容核心逻辑的第三点是停留时间,即你的内容是否能让你想要吸引的人群愿意停留。基本上人群和触动这两点做到了,停留时间这一点便不攻自破。为了提高完播率,尽量把作品做短是很重要一个技巧,千万不要为了表达完整而把作品做得非常长。

做短视频内容掌握这三点核心规律便能事半功倍,如果你是做服饰的,可以参照时装博主穿搭达人进行模仿,不知道拍什么也没关系,刚起步的时候就是模仿,把看过的视频重新拍一遍,带上自己的想法,优化一下,增加一下创意,做各种好玩的视频,粉丝就会积累到你粉丝圈里。

以"蓝小爸"这个童装抖音号为例(图41.2),该号以儿童为模特拍摄视频,三个月时间涨粉100多万,淘宝店月均可卖出15万—20万件,且完全由抖音带货。

再以"锰宝"这个美妆抖音号为例(图41.3),内容围绕教人化妆、展现日常

图 41.2　蓝小爸–案例

视频 41.3　(扫码查看)

图 41.3　锰宝–案例

生活等,先将粉丝裂变为零售客户,一部分再转化为代理商,并且内容素材由团队制作统一分发给代理商,最后代理商再进行裂变。以此方法,该号粉丝数增长超 400 万,总业绩过亿,单个代理商业绩可达 200 万—300 万。

对标相同类目的抖音号,站在巨人的肩膀上,你会飞得更快,找到你的同行,相互学习。如果你是卖童装的,就可以参考该童装的视频和玩法,找另一个小朋友进行拍摄,因为抖音的流量域的重叠性比较小。

可是,大部分卖家没钱、没人、没团队、没网红,那什么样的内容创造更加适合呢?大家可以认真学习下面这个服装号视频拍摄方法,拍摄简单,成本低(图41.4),直接把自己的老爸老妈打扮一下就出镜了,成本非常低,并且可以给人很强的真实感,效果也非常好。

图 41.4　服装号–案例

因此,不论你是做哪个行业的,只要你认真去找都可以找到很多成功案例,我曾经见到过卖涂料、美缝剂、卫生纸的,视频都十几万个赞,直播间几千人在线。

以前我们卖衣服,开实体店,我们的用户就是方圆几公里的人,而有了抖音短视频这个平台,我们可以把我们的衣服卖到全国,把自己的店铺打造成 24 小时自动成交的赚钱机器。

第四十二节　记住这三点让别人轻松记住你

回想一下,你有多少次是因为无聊、烦躁、焦虑而打开抖音(快手)的?

如果用户判断某个账号,可以持续满足他追求快乐、知识,或者缓解焦虑、暂时忘记烦恼的需求,那么就会触发用户点赞、关注、收藏等行为。

那么,如何持续地满足用户的这种需求呢?

答案就是打造清晰有特色的人设定位。

当用户对你产生固定的印象,就会认为你能够持续满足他的这类需求,从而形成对你的期待,进而就会关注你。

在今天这个粉丝经济时代,IP 形象盛行的泛娱乐时代,营造好自己的 IP 人设,更好地获取流量并将其转化为粉丝,进而变现,才能赢得资本的青睐。

简单说,打造 IP 就是打造一个让别人能记住你、喜欢你并能以此赚钱的形象。

短视频的兴起,给了普通人太多成为网红的机会,以前想要有自己的个人 IP,你必须有料、有知识、有阅历,但是短视频兴起后,这个门槛一下子变得很低很低。那么如何在抖音里打造一个别人爱看的人设呢?

下面详细讲解普通人结合自身特点,打造个人品牌的三种方法:

一、如果你业务能力突出,可以尝试技能和知识输出型个人品牌

如在美发、剪发、烫染(图 42.1)造型技术领域很有造诣,就可以尝试输出这方面的内容。

1. 定位客户:确定想要吸引什么样的用户,是小哥哥还是小姐姐,多大岁数的,长发的还是短发的,录制视频尽量选择相应人设拍摄;

2. 定位自己:让人一目了然,不用面面俱到,只需要让别人知道你在这个领域很出色即可;

图 42.1　美发-案例

3. 修炼自身技术:与时俱进,让自己的专业技能持续升级,毕竟扎实的业务能力,才是引流变现的关键;

4. 规划和打磨视频分享内容: 比如顾客剪发前后的效果对比,从而突出技艺的高超,或者比较有挑战性的美发造型;

5. 持之以恒更新内容: 保持视频内容的统一性,确立清晰的内容定位,是决定打造 IP 能否成功的最关键因素, 三天打鱼两天晒网注定是要失败的。

二、技能才艺突出,分享成长路径

如摄影、健身、跳舞、唱歌、护肤、化妆、穿搭技巧等有明显差异的内容(图 42.2)。

1. 精进技能:努力提升自己,成为你选定的领域里技能出色的人, 否则你很难保持持续输出优

图 42.2　摄影-案例

质内容,不要求你一开始就非常出色,但是你必须有不断学习持续提升自己的动力;

2. 做好定位:让人知道你在专注什么,可以选择职业背景以外的其他才艺或者爱好;

3. 分享成长过程:收获志同道合的粉丝,消除距离感;

4. 持之以恒更新内容:保持视频内容的统一性,保持清晰的内容定位。

三、在自己花时间最多的地方找到答案

普通人做短视频,最大的痛苦就是自己没有知识、没有特色、没有才艺,不知道自己到底能拍什么。其实你花时间的地方,比如旅游的美景趣事、偶然间发现的异乡美食、生活中的各种美好瞬间,都可以是你拍摄的内容。

1. 多花时间观察自己了解自己,用第三视角看自己,自己看自己往往是没有料的,而用别人的角度看自己就会发现很多特点;

2. 用一周的时间,记录醒着的每小时干了什么;

3. 找到其中高频出现的事情;

4. 问自己,你做这件事情的时候开心吗?

5. 以更专注的热情,找到自己的天赋所在。

最后总结一下,如果你业务能力突出,比如造型,可以随意炫自己高超的技术;如果你是技能达人、知识达人,比如摄影、跳舞、唱歌、营销、育儿,你可以尽情发挥自己的技能;如果你没有什么突出的技能,也可以分享自己的生活,比如旅游、做菜、美景、美食、健身等。

你要相信一点,你所喜欢和擅长的事情,不论大小,都很有价值,重要的是,你花时间在这些地方,你是亲历者。另外,在你想要吸引用户关注你的时候,不妨先问自己几个最基本的问题:

陌生人为什么会关注我?我能满足他们什么样的需求?他们关注我的动机是什么?

不能满足以上问题而盲目进行拍摄的短视频,其实都是自嗨。

第四十三节　实体店短视频引流五大策略

在相当长一段时间里，线下实体店都将互联网看作自己最大的竞争对手，天天骂马云抢了自己的生意，甚至出现了反淘宝联盟，大多数实体店老板认为生意难做的根本原因，是互联网电商抢了他们的生意，抢走了他们的客户。

实际上，天下没有难做的生意，只有不会做生意的人，不擅长学习、不懂得与时俱进的人势必是要被淘汰的。

目前对互联网还持敌对态度的传统老板已经少了很多，越来越多的人开始利用互联网为自己的业务赋能。

而抖音和快手短视频，作为当下极为重要的流量入口，很多的实体店以及电商企业都开始选择用其营销引流，很多线下商家也看准了这一波商机，纷纷加入了视频营销的行列。

当下从互联网直接获取红利的人，都已经体验到了短视频流量红利带来的财富浪潮，而体验最强的应该是将实体店与抖音相结合，做直播电商的那些老板，许多当初都不大起眼的实体小店，借助抖音打了一次漂亮的翻身仗。

那么，还没有开始进入短视频营销的实体店老板们，应当如何操作才能引爆店铺客户流量呢？

下面讲解实体店利用抖音短视频引流获客的五大可落地执行的方案：

1. 利用定位功能（自己+客户）

抖音的社交属性使得店铺信息能自发传播，不仅成本低，而且速度快，能在短时间内看到效果，并且不仅能用来宣传美食，还能宣传品牌，甚至只需要某个新奇点就能吸引到消费者的兴趣（比如最近火爆的开瓶盖）。

有人拍了自己喜欢喝的奶茶搭配，于是没喝过的人也都想尝一下。

有人拍了自己亲身体验过的火锅店奇妙见闻，于是没见过的也想过来看看。

线下店在发布抖音视频的时候(图43.1),一定要带上地址信息,用户来店里消费后,再用一定的折扣优惠为奖励,鼓励用户发布带地址定位的抖音视频,形成裂变式多渠道宣传引流。

图 43.1　利用定位功能–案例

2. 评论区互动,回复门店信息

评论区的互动性,是构成抖音社交属性的关键。用户可以互动回复,也可以@好友,这对于实体店引流非常有效(图43.2)。

像一些餐饮店、美容店、健身房,因为面向的粉丝群体就是同城乃至周边人群,在评论区与用户及时互动回复,可以达到非常可观的引流效果。

3. 利用 DOU+推广

抖音上线的内容营销工具 DOU+, 可以通过付费的方式推广自己的视频(图43.3)。

抖音的 DOU+功能是通过将视频推荐给潜在的兴趣用户,从而促进数据的增长,因此其带动的数据都是真实用户产生的数据,这样通过 DOU+功能推广

图 43.2　评论区互动　　　　图 43.3　DOU+推广

到的用户群体精准性是非常高的。

DOU+功能可以让你花点小钱,快速把自己的视频推广给用户,是一个非常实用的工具。当然,DOU+功能也不是抖音短视频引流的唯一指标,内容运营才是关键,结合短视频内容,利用好抖音工具,才能真正做好抖音,才能有效地低成本引流。

4. 打造员工抖音矩阵

以餐饮企业抖音号矩阵为例,核心就是企业蓝 V 号,用来正向宣传企业的各个方面。围绕着这个核心,我们还要打造一个提升型的行业号,以及能够体现老板专业性的专家号。

一个账号,对应一个主体。

从个人的视角,还要打造出顾客号、服务员号、厨师号等,个人视角的账号数量是没有限制的,可以围绕企业,多个视角去展开。

5. 为抖音客户设立专属 VIP 待遇

线下门店想要在抖音上进行营销推广,首先需要认领抖音 POI,通常就是指门店地址。POI的具体定义是Point of interest，即定位、兴趣标签、入口。

当用户浏览相关视频的时候，能够一键进入到线下门店的专属POI页面，了解到包括店铺名称、定位、电话、优惠、商品等在内的很多信息。

POI功能不仅能汇集线上用户产生的流量，更重要的是将线上流量引导到店里，实现线下门店的消费转化。

以"烧货煮厂"（图43.4）为例，用户浏览他的视频，如果感兴趣很可能就会直接点开POI链接，然后，用户在POI的页面里会看到"烧货煮厂"5折优惠券的领取链接，感兴趣的就会直接到店里消费。

通过抖音的"消息"页面，用户可以查看自己刚刚领取的优惠卡券，结账时候出示卡券就可以获得优惠。

图43.4　烧货煮厂-案例

不管是服装店、彩妆店，还是餐饮店、瑜伽馆，找准自己的目标客户人群，持续输出优质内容，便能精准锁定消费者，形成忠实消费群体后自然会带动周边人群消费，何愁实体店没有源源不断的客户呢？

CHAPTER

第 十 三 章

避 坑 篇

做短视频必须知道的九层地狱

◀ ◀ ◀ ◀ ◀ ◀

第四十四节　短视频运营九层地狱

　　短视频运营是一个系统工程,既有理论需要学习,也有实践要去操作,理论和实践结合才能真正成功,在这个过程中,有不少的坑,每一个坑都意味着有无数创作者倒下,甚至放弃。

　　这个章节总结了短视频运营过程中最常见的九大问题——九层地狱,希望读完本节内容,每个人都不要再犯同样的错误。

1. 头像杂乱(图 44.1)

　　头像设置容易犯的错误和正确的设置方法，在前面的章节中已经有所阐述,这里再重点说一下:头像是一个账号形象的缩影,一定要展示出账号的风格,切记不能太过杂乱、找不到重点,建议用真人头像。

图 44.1　头像杂乱–案例　　　图 44.2　昵称太随意–案例

2. 昵称太随意(图 44.2)

昵称就像是人的名字,它的重要性不言而喻,每一个昵称都必须经过深思熟虑,根据自己的账号定位、内容风格来定,而不能等注册的时候才临时起意,脑子一热随便想一个名字,这样肯定是不行的。也有账号等开始运营后再去改名,虽然也可以,但对账号尤其是有粉丝基数的账号来说,可能就会流失一大批粉丝(改完昵称后,没人知道你是谁了)。

所以昵称一定要在注册之前就想好,既要符合自己账号的定位或者人设需要,又要通俗易懂,容易被人记住。

3. 定位模糊、视频乱发(图 44.3)

没有定位、视频乱发,这些都是绝大部分新手的日常操作,"朋友圈式"地发短视频是短视频营销的大忌,普通人的朋友圈是什么样的?昨天去哪儿玩了、吃了什么美食,今天心情又怎么样了……朋友圈是熟人社交,发的内容是给自己和朋友看,所以记录真实的生活没有问题;但抖音是陌生人,甚至也不是社交,视频更多的是要传递价值。

一个陌生人为什么要在千千万万个号中选择关注我们的账号呢?肯定是要能给他带去价值,能够让他学到知识,或者能够让他感到快乐,等等。

图 44.3　定位模糊–案例

所以,一个成功的短视频账号,一定要有准确的定位,不能胡乱发视频。

4. 视频太长

抖音是一个短视频平台,最初,抖音视频的长度只有 15 秒,而到后来,视频时长开始慢慢增加到 1 分钟、5 分钟、15 分钟。视频时长增加,有利于增加用户黏性,但相应地对视频的制作要求更高。但很多人都没有意识到这一点,总希望把自己的视频拍得长一点,仿佛视频越长越能体现自己的专业,这其实是一个误区。

前面的章节中讲过，视频的推荐量跟视频的播放完成度有非常大的关系，而视频时长很大程度上决定了一个视频播放完成度的高低，太长的视频，除非内容非常优质，能够吸引人，否则用户是不愿意浪费太多时间在一个他们不喜欢的视频上的。

正确的做法是，应该让视频尽可能地短，能够在最短时间内抓住用户的心，替用户节省时间，帮助用户把省下来的时间用在其他美好的事物上，这样才能留住用户。

5. 引流 (图 44.4)

短视频平台有如此庞大的流量，自然会吸引无数人，当然也少不了一些人希望利用短视频来给自己的微信或者公众号引流。每个人做短视频的目的都不一样，可能有的人做短视频就是为了引流，这个暂且不说。但如果首要目的不是为了给微信或者公众号等平台引流，那么，一定要记住，想要运营好抖音，就不要在抖音账号里做引流相关的事情，包括在签名栏、视频内容里、字幕中、评论区等地方留下微信引流。

尤其是初期，打新号的时候，这样做容易被平台直接判定为营销账号，受到打压。

图 44.4　引流–案例

6. 刷粉刷赞刷评论等

刷粉刷赞等行为在抖音上并不少见，据我所知，大部分刷粉刷赞的人都是一些刚进入短视频行业的新人，对这个行业不了解，参加了一些忽悠人的培训，认为账号刷一些粉丝就容易出爆款，这都是带有严重误导性的方法。

刷粉刷赞等行为，不仅不能帮助账号出爆款，反而还会被系统判定为违规账号从而被限流，所以一定不要这样做。

7. 视频中出现违规词

经常听到有人抱怨"账号无缘无故就被封了"，而且这类人有一个共同点，那就是刚接触短视频不久，或者没有系统学习过短视频的运营知识。我们仔细思考一下：平台真的会无缘无故地去封禁一个账号吗？当然不会，平台又不会跟谁有仇，干吗要封禁？

答案只有一个，那就是违规了，有的违规运营者自己知道，而有的违规，可能连运营者自己都不清楚是怎么回事。违规词就是其中的一个原因。

比如"政府""警察""赚钱""强奸"等这些敏感词汇，视频里面都是不能出现的，重灾区主要有四个地方：视频语音里面出现，字幕里面出现，标题里出现，评论里出现。这些都是系统重点排查的地方，一定要注意。

如图44.5中的两句台词："赔点钱算了""还得报警"，字幕里面，"钱"就用大写字母"Q"代替了，"警"也用字符"*"代替。

图44.5 违规词–案例

8. 含有明显的商业推广信息

广告在抖音里面并不少见，但广告也要有限度，说到底，抖音是一个内容平台，如果你的视频不能给用户带来价值，仅仅是广告，那么，自然也就不会得到平台的推荐，会被平台当作垃圾账号打压。

9. 推广平台限制销售的产品或服务

经过 3 年的发展,如今抖音的生态已经越来越完善,几乎包含了各个细分领域的内容,但也并不是所有的行业都能够在抖音上面发布,比如医疗服务、药物、保健品等行业。所以,如果是从事相关行业的人,想要运营抖音,就需要更加谨慎。

CHAPTER

第 十 四 章

直 播

手把手教会你直播卖货
◂ ◂ ◂ ◂ ◂ ◂

第四十五节　为何直播卖货能有如此大的威力

2019 年双十一,天猫商城总成交量达到了前所未有的 2684 亿元,如阿里高管们经常引用的那句——"所有不可想象,终将化为寻常;我们相信'相信',一切都是新的"。每一年的双十一都在刷新纪录,2019 年突破 100 亿目标只用了 1 分 36 秒;1 小时 03 分 59 秒成交额就超过 1000 亿元,16 小时 31 分 12 秒,成交额超过 2135 亿元,赶超 2018 年双十一全天成交额。

天猫和淘宝总裁蒋凡说,2019 年双十一多元化的供给、多元化的场景,调动了更多消费者的参与。2019 年双十一的重要特征就是很多品牌全力推新品,发布了超过 100 万款新品,超过 260 个品牌销售额过亿;天猫国际首发了 12 万款进口产品,新品入驻超过 30%;全国各地的农产品基地的源头农货也加入了双十一。新消费时代,无论是传统品牌还是新品牌,天猫都是他们全年增长的最好机会。

2019 年的双十一,直播交易额在开始的一个多小时就赶超了 2018 年的全天直播交易额。初步统计,2019 年双十一直播带来了 200 亿的成交,已经占总成交额的 8%,10 个品牌商家通过直播完成了过亿的交易,尤其是美妆这样的行业,直播带来了 16% 的成交额。

在淘宝,直播已经成为品牌新的增长点,蒋凡称,超过一半天猫商家都通过直播取得了新增长,直播间已经是品牌商家标配。2019 年双十一当天 1 时 3 分,淘宝直播引导成交超 2018 年全天;8 时 55 分,淘宝直播引导成交突破 100 亿;家装、消费电子、美妆等行业纷纷爆发,不少品牌也借力直播成为亿元俱乐部的一员。

蒋凡说,**内容及娱乐化交互方式将是新消费时代线上线下融合的深入互动方式**。"我们提供这样的节日,希望带动中国内需消费,激活中国经济转型升级。"

同时我们注意到,淘宝直播一姐薇娅、直播一哥李佳琦,在 2019 年双十一当天,直播间成交额均突破了 10 亿元大关,而快手主播辛巴在这一天个人成交额更是突破了 20 亿元。

另外,不知你有没有发现,最近大家一定被各种直播卖货的新闻刷屏,这个人一场直播卖了 N 千万,那个人一场直播卖了 N 个亿。

就连很多的明星也都下水做起了直播带货(图 45.1),虽然遭受了很多的非议,但也反映了目前直播带货的影响力。

图 45.1　明星直播卖货

这些明星之所以下水,是因为他们具有洞察未来的能力,他们已经感知到了直播带货是当下以及未来商业的标配。只需要打开直播,利用自己固有的影响力,瞬间便可以把自己的影响力变现,何乐而不为呢?

请注意:**网红比明星更值钱的时代已经到来了!**

对于大多数人来说,大家所熟知的直播就是小哥哥、小姐姐,或者有一定才艺的主播,在直播间唱歌跳舞说段子,然后求打赏的娱乐直播,俗称"网络乞丐";而我们今天要讲的是直播带货,也就是通过直播销售产品。

直播五年前就火了!

短视频三年前就火了!

直播带货 2020 年才火！

爱看电视的伙伴，一定看过电视购物，直播带货其实就是将电视购物搬到了直播间而已，只是相对传统的电视购物，直播间具有了互动性和即时性的特征，使得直播更具有趣味性、黏性和可看性。

互动性就是粉丝可以随时和主播进行互动交流，提问题，如果喜欢主播推荐的产品，就可以直接下单购买，直播带货真正实现了兴趣购物、即时购物、一屏购物的新型商业模式。

决定用户购买决策的核心要素是信任，在今天这个产品过剩的时代，谁能解决信任问题，谁就能成为时代的王者，谁就能赚大钱。

而人类从一开始就在追求"身临其境"，追求"眼见为实"。我们可以回想一下，自己在决定要购买某个产品，但是有 A、B、C 多个选择的时候，让我们最终做决定的原因是什么？

可能是你熟悉这个品牌，你听朋友说过，你在某个地方见过报道，你见别人用过，所以你选择了 A。

也可能两家店铺，这家装修得更好一点，你选择了这家店铺，也可能是这个店铺的老板或者店员说话让你觉得可信，而选择了它。

不管是什么原因让你最终做出了决定，这个原因一定是信任。而直播利用先进的通信技术，最大限度地解决了信息不对称问题，解决了信任问题，满足了人们对"身临其境"的需求。

所以，直播电商这种新商业时代已经来临，未来十年将会影响每个人的生活，将会像电商一样，改变整个商业模式，我们每个人一定要重视起来。

那么直播电商为什么有这么大的威力呢？

我们试想一下，我们打开手机，开启直播间，就相当于我们在手机上开了一个虚拟的店铺（可以把直播间理解成你线下的实体店），假设同时有 1000 人在线，就相当于始终有 1000 人在我们店铺里逛；直播两个小时，累计在线人数将会在 30000 人次以上，就相当于我们店里今天来了 30000 人；假设这一场直播成交 1000 单，就相当于有 1000 人在我们店铺里排队买单，但是我们却没有一个收银员。

要做到同样的成绩,我们在线下需要开设上万平方米的店面,至少雇上百个员工,而在直播间里做到这些,几乎是没有成本的,这就是直播的威力。

你可以错过一个风口,但是绝对不能错过一个趋势。

风口错了,最多也就两三年时间;但是趋势错过了,你至少会错过未来十年的机会。直播电商就像互联网的出现、电商的出现、微信的出现一样,将影响未来十年甚至三十年的商业形态。

第四十六节　直播电商常见的表现形式

按照类型,直播主要分为娱乐直播、知识直播和带货直播。

娱乐直播主要的盈利模式就是靠粉丝的打赏;知识主播主要通过输出各种知识,如育儿、心理、经管、国学等方面的知识获取粉丝,然后通过后端变现,当然知识主播在直播过程中也可以收获很多粉丝的打赏;而带货直播就非常直接干脆,直接卖货。带货主播的身份类似专业导购员,在直播间里,直接向粉丝推荐各种自己擅长领域的商品,通过专业解释、低价、优惠等策略吸引粉丝购买,通过销售赚取差价。

带货主播的收入一般分为两部分:一、卖货赚取的差价;二、大的主播会向商家收取不菲的入场费,类似于大卖场要向商家收取入场费。

目前直播带货主要的产品品类是:护肤、美妆(彩妆)、服装、美食、珠宝首饰、母婴玩具以及日用百货类,这几个类别占据了直播带货八成以上的份额。

下面详细讲解一下常见的直播带货形式:

1. 店铺直播模式

这种模式跟电视购物的形式非常类似,就是主播不停地一款接一款地介绍产品的功能、功效、好处、低价等一系列的优势,然后开始限时限量抢购。

目前大多数专业的带货主播采用的都是这种模式,越是大主播,越有话语权,越能从商家争取来更多的好处,往往可以给出更低的价格。

2. 海外代购模式

直播代购是传统海外代购的一种升级版,如"牛肉哥"做的主要就是海外代购。这种模式常见于一些身在国外的带货达人,在国外现场为粉丝代购优质商品,经常镜头只对着商品,有比较强的价格优势和真实感,消除粉丝买到假货的担忧。

同传统的海外代购相比,直播代购具有更强的真实性和互动性,最大可能地给粉丝一种身临其境的感觉,而且是现场选购、明码标价,明明白白地收取代购费用,更容易获取粉丝的信任,进而产生复购,成为铁粉。

3. 产地直播模式

主播直接在产地进行直播,更加真实,多见于农产品和地方特产的直播销售,如水果、山药、土鸡、土猪等。

主播一般会提前选好基地,提前到达基地筛选好货,提前预告粉丝,然后准时开播,直接销售。

这方面,"丽江石榴哥"是其中的佼佼者,有这方面资源的读者可以多研究下他的做法。

4. 买手模式

主播以买手的形式,直播自己寻找、筛选好货的过程,然后在直播间直接订购,常见于旅游达人带货,每走到一个地方便寻找当地的特产好货等,推荐给粉丝,实现销售变现。

5. 砍价模式

有点像收音机里的"大咖帮你购",多出现于像翡翠等客单价高、专业度高的领域。如云南或缅甸的翡翠市场里,每天都有很多专业的主播在直播。主播以一个专业人士的身份帮客户选品,告诉粉丝不是假货,同时帮粉丝砍价,货主出价,主播砍价,同时讲出商品的价值卖点,争取粉丝的意见,最终三方成交。

主播可以同时赚取货主佣金和粉丝的代购费,适合有某方面专业知识的人士采用。

6. 专家模式

如果你是某方面的专家,比如养生、企业管理、视频营销、亲子教育等,你在直播间里讲解专业的知识,帮助粉丝解决某些切实的困难,然后推荐针对性的课程或者产品,粉丝便会买单,转化率非常高。

因为人只有生病了才会找医生,听你直播的粉丝本身就具有刚需性。

7. 清仓卖货模式

仓库里的货低价甩卖,一件不剩,让客户感觉买到就是赚到。

这种直播一般会编一个故事,比如回笼资金、店铺转让、合同到期,总之找一个理由让粉丝相信,原来非常贵、非常好的产品,由于这个原因必须亏本处理。

这种主播一般还会直接在仓库里直播,让大家看着库存确实不多了,不下手就会后悔。

相信大家都会有这个印象,前几年在大街上,经常看到卖皮具的小商贩,拉着条幅"还我血汗钱",大喇叭里播放着:我们是××皮革厂,厂长×××跟小姨子跑了,我们只能拿货来顶工资,原来一条上千元的皮带,现在只需要××元。

清仓式直播其实跟这种形式非常类似,只是把现场搬到了直播间里。

本节课我们主要带大家认识了直播带货的几种常见表现形式,下节将为大家详细讲解直播带货的技巧。

第四十七节　手把手教你做直播带货

经过大量的数据分析和亲自试验,我发现出货量大的主播,一般都具有这五个特性:**颜值及格、亲和力强、有专业度、销售力强、会带节奏**。

1. 颜值及格

也就是说主播的颜值至少不能让人看着不舒服,虽然现在的带货主播已经完全不同于拼颜值的娱乐主播,但是你的颜值至少要在及格分以上,如果颜值不高,完全可以通过化妆和美颜来解决。另外场景的搭配,以大方得体又能体现出主播的特质为佳(比如美妆主播背景用化妆品货架、实验室,给人很强的专业感)。

2. 亲和力强

我们每个人都喜欢跟热情、有亲和力的人打交道,而不喜欢和冷漠的人打交道,直播也是一样的,粉丝愿意关注你,喜欢看你直播,跟你互动,就需要你有亲和力。比如粉丝进到你的直播间你要尽量跟他们打个招呼,粉丝刷礼物了要感谢,粉丝秒了你的榜,你要号召大家关注他,经常组织抽奖送礼活动,让粉丝在你的直播间里能够得到好处,这样他们才愿意留下来看你直播,进而慢慢成为你的铁粉。

3. 有专业度

因为你是卖货主播,你要卖产品,除了价格优势之外,你还要体现出自己在该领域的专业性,让粉丝相信买你推荐的产品不会跳坑、不会上当,这样子粉丝才会敢于下单。如果你连产品的卖点、优势都说不明白,那根本无法说服粉丝。

4. 销售力强

你要能准确地讲出产品的卖点、稀缺性,以及用了之后的好处,不买造成的损失,给粉丝下单的理由,粉丝才会下决心购买。这方面跟我们线下的导购性质是一样的,千言万语不如一句说到顾客心坎里的话。

5. 会带节奏

直播卖货,最大的问题是刚开始做的时候直播间没有人,所以一个合格的主播必须会带节奏,什么时候该抽奖了,什么时候该秒杀了,什么时候该送礼了,控制好节奏才能带动粉丝的情绪,才能创造活跃的氛围,让直播间有人气(图47.1)。

我们前期通过拍短视频,通过账号矩阵,通过DOU+等各种方式积累我们的初始粉丝和流量,当我们有了一定量的粉丝后,就可以开始直播卖货了。

要解决刚开始开直播时候直播间没有人气的问题,有两个技巧:一、在你的

普通主播和**超级主播**的区别是什么？

不是话术！不是颜值！

不是粉丝数量！

是节奏！

图 47.1　普通主播和超级主播的区别

短视频爆的时候立即去开直播,这样就会有巨大的流量源源不断进入你的直播间;二、用抖音的 DOU+功能直接推广你的直播间。当然还有秒榜、PK、抽奖等手段来增加直播间的人气,具体操作会在下一节详细讲解。

当直播间有了一定的人气,我们就可以开始直播卖货了。下面详细讲解直播卖货的五个步骤:

1. 提出痛点

粉丝为什么会购买你的产品?是因为对你信任,因此,你不能上来就直接卖产品,没有人喜欢一心只想卖东西、只想赚自己钱的人,所以在直播间准备开始推产品的时候,不要上来就说产品,而是要先提出痛点。比如卖一个分解异味的除臭喷雾,我们可以这么说:又到冬天了,很多爱美的小姐姐都开始穿长靴了,但是容易有异味,尤其是长时间待在暖气屋里,一脱鞋子那个味道简直没法闻。严重的即使不脱鞋子也会有味道,如果被小哥哥闻到,那就尴尬了,自己的形象一下子就会大打折扣。同时可以讲讲自己的经历和遭遇,中间可以跟粉丝互动,问有没有这样的经历或者苦恼。

通过提出痛点、讲故事的方式来切入,粉丝就会有很强的代入感,曾经有过类似遭遇或者害怕自己会遇到如此遭遇的粉丝就会有兴趣听下去,这样才会有购买你产品的可能。

在看直播的时候,大家都是不断地在刷手机,很少有人会在一个直播间里停留很长时间的。据统计,直播间的平均停留时长只有200—300秒,就是薇娅、李佳琦这些直播带货大佬也不例外。因此,学会讲故事、讲痛点,给粉丝代入感,是一个合格主播必须具备的能力。

2. 放大痛点

通过讲故事的方式提出痛点后,难免会有很多粉丝不够感同身受,不够心动,这时候我们就需要进行第二步,即通过寻找场景、寻找话题来放大这个痛点,让有这种问题的粉丝感觉到,这个问题必须解决,否则自己将来会吃很大的亏。

我们还拿上面的除臭喷雾举例。当提出了痛点之后,我们可以进一步讲故事来放大痛点:"话说刚毕业时候,我曾经在一家上市公司上班,领导比较赏识我,曾经有一次呀,领导带我去见一个客户,去的那个会所需要换鞋子,由于那时候没有钱嘛,都是省吃俭用,卫生做得不太好,鞋子一脱掉味就比较大,我那个尴尬呀。客户还是挺有风度的,没有说什么,只是从那以后,领导就再也没带我出去过,因为这一个小小的问题,让我失去了一次如此好的发展机会,直到后来我从那家公司离职。"

通过这样一个故事,就把痛点放大了,把一个几乎人人都有的小问题,说成了一个会影响事业、影响前程,甚至影响终身幸福的大问题,让粉丝觉得这个问题必须得解决。

3. 引入产品

当我们通过提出痛点、放大痛点,让粉丝感同身受,同时唤起了其想要解决这个问题的渴望之后,我们就可以顺理成章地来引入我们要卖的产品了。

"有一次呀,我跟闺蜜一起逛了一天的街,晚上去她家里吃饭,进门换鞋,我一脱鞋子,味还是比较大,毕竟逛了一天街,出了不少的汗,但是我发现闺蜜一脱完鞋就拿出一个小瓶子对着鞋子喷了几下,我就问她是什么东西,她说是除臭喷雾。我说有用吗?于是就要过来也喷了几下,没想到异味一下子就没有了,当时我那个惊奇呀,心想,如果早几年知道这个产品,我也不会被领导嫌弃了,还能避免好多次的尴尬呀。"

这样就自然地把产品给引入了,但是这个时候呢,千万不要急着卖,要不然推销产品的嫌疑就比较重了。

对于刚开始做直播、人气不高的主播,这时候,我们可以安排助手用小号提问,这个产品怎么卖、从哪里可以买到等这样的问题,制造一种粉丝追着买的感觉和氛围。

大主播就不用这么麻烦了,自然会有粉丝主动提问的。

4. 提升高度

人都是从众的,当有人问怎么卖、从哪里可以买到的时候,很多粉丝就会跟着问,这时候,还不要急着推销产品,而是要提升产品的高度。

比如除臭喷雾,我们可以说它是高科技产品,纳米技术,生产企业是世界500强,而且是新上市的产品,在专柜卖多少钱,天猫、京东卖多少钱,还是比较贵的。

然后进一步提升高度,讲购买的好处,只要有了这样小小的一瓶喷雾,从此再也不用担心身上有异味的尴尬了,而且携带非常方便,自喷雾设计,使用也非常方便,悄悄喷一下就可以解决尴尬了。

5. 降低门槛

综合比价,京东卖什么价,天猫卖什么价,专卖店卖什么价,而我们今天只要多少钱(好比半价、三分之一价),并且再送个什么东西,或者买×送×,一共多少份,限时3分钟开始抢购。

上面五步就是直播带货的标准流程,根据自己的产品类别,举一反三,灵活应用,才能发挥最大的效果。

直播带货最大的优势就是让粉丝有身临其境的感觉,如果直播过程中能够穿插真实的种植现场、先进的生产车间等亮点,效果会更好。

第四十八节　直播卖货常用的技巧解析

有了上一节的直播卖货流程,在直播卖货的过程中,我们还需要利用好以下技巧才能收到理想的效果。

直播卖货常用的技巧:

1. 热场

直播间肯定是在线人数越多越好卖货,因此我们就必须学会热场,为直播间带人气,常见的方法有:(1)提前发布短视频,预告开播时间;(2)定时定点开播,让粉丝养成习惯,最忌讳的就是在刚开始做,还没有人气的时候,也不按时直播,偶尔想起来了播一次,效果不好,信心受到打击而放弃;(3)在作品爆起来时候立即开播;(4)花钱用抖音 DOU+进行热场。

2. 抽奖

要粉丝一直留在你的直播间,你就需要让他得到好处、有所期待,抽奖是一个非常好的方法。

我们在直播的时候,一般会准备两部手机,一部用来直播,一部用来控屏。好比我们要抽奖了,怎么抽呢？你可以让粉丝发某个内容,比如今天直播的主题、直播的口号,或者主播的口头禅,然后倒计时用控屏手机截屏,展示给大家看,抽中的粉丝即可联系你领取奖品。

高明的抽奖方法是,让粉丝转发直播间链接到微信、朋友圈等,然后截屏抽奖,这样可以带来粉丝的裂变增长。

选择抽奖的奖品,要在自己能够承受的范围内,奖品要能打动粉丝,也就是说奖品要体现出你的诚意,己所不欲,勿施于人。很多主播在抽奖的时候,往往喜欢拿自己的库存产品、卖得不好的产品,然后还抱怨效果不好。如果你有这样的思维,就要好好反省一下了。

要让粉丝留在你的直播间,帮你转发,你需要拿出你的诚意,拿出能够打动粉丝的奖品才行。

3. 抢购

因为直播卖货,粉丝更多的是一种冲动消费、激情购物、兴趣购物,因此一般不能一个商品无限制地卖,而是需要抢购,一个商品拿出来,只有 500 件、1000 件(根据粉丝情况定),手慢就没有了。

从心理学讲,抢购是一种强行占有的心理满足。

不仅仅要抢购,而且还要限时,一般 3 分钟内,不管是否能够卖完,都要说卖完了,制造一种紧迫感和稀缺感,不下手就亏了的感觉,这样粉丝才容易下决定,即使第一个产品没有买,后面也会下手。

4. 倒计时

在时间推动的心理机制上,人们有自我逼迫的喜好和冲动,不管是抽奖,还是抢购,都要倒计时,给粉丝以紧迫感。

另外,按照上一节的五步法介绍完一个产品后,再倒计时 3、2、1 把产品上架,大的主播都会采用这样的方式,再加上限量来制造爆款,制造手慢便无的氛围。

往往 1000 单几秒钟便会被抢完,还会有很多的粉丝在评论区抱怨没抢到,甚至要求加量。我们的直播过程中,经常会有抢不到的粉丝加价求转让的。

5. 秒杀

秒杀是限时限量的升级版,往往代表着更低的价格和抢到后的兴奋。

6. 秒榜

直播中经常用到的一个技巧,尤其是在前期直播间人气比较差的时候,去秒一个粉丝画像跟自己比较相似人气主播的榜,主播一般都会号召粉丝关注你,进而可以为自己的直播间带来人气,而且是精准的粉丝。

秒榜的通俗意思就是你给别的人气主播(一般是娱乐主播)刷礼物,也就是花钱买流量,短时间内如果你刷的礼物比较多的话,比如进入到贡献值的前三名,主播一定会关注到你,会号召他的粉丝关注你,这就叫成功秒榜了。

对于一个卖货主播,秒榜其实跟做淘宝电商上钻石展位、上直通车是一样的,就是花钱买流量,只是这个流量没有直通车那么精准,因此我们就需要花费精力去研究,哪些主播的榜值得秒,随意去秒一些跟自己粉丝画像不相关的娱乐主播的榜,肯定是亏钱的买卖。

要做到秒榜既增加人气又有钱赚,就必须做好以下两点:

(1)挑选好主播:要挑选出粉丝画像跟自己产品相匹配的主播,秒榜才有意义。在主播挑选上可以多去飞瓜数据、卡思数据做数据分析,仔细寻找。

当然越大的主播秒榜的费用就越高,选择多大的主播秒榜,需要根据自己的实力做决定。

(2)与主播沟通:你既然要去别人的直播间获取流量,自然要提前给人家打招呼,谈好合作,让主播有心理准备,以便秒榜时候协助你卖货、引流。不要担心对方会拒绝,这是一个双赢的事情,那些娱乐主播的收入主要靠打赏,一个秒榜,往往可以占据其一场直播一半以上的收入,他们自然乐意合作。另外,一旦有人秒榜,其直播间的氛围会瞬间被调动起来,对其增加人气、提高收入有非常大的帮助。

做得好的话,还可以跟主播连麦 PK(对决),这样效果就会更好。在同主播 PK 的过程中一定要演好戏,主播扮演为自己粉丝负责的角色,追问你的产品质量、成分、功效等,最后跟你砍价,你要装可怜,这样效果才会好。

因为,**粉丝不喜欢买便宜货**,只希望买感觉自己占便宜的产品。**粉丝要的只是一个占便宜的感觉。**

以上六点便是直播带货过程中常用的技巧,这些技巧是伴随直播卖货的整个过程的,大家一定要细细体会,熟练掌握,才能成为一个优秀的带货主播。

第四十九节　跟着淘宝直播一姐薇娅学直播带货

今天无论你混哪个圈子,互联网圈、创业圈、电商圈还是微商圈,无论你走到哪里,大家都在聊"短视频"与"直播带货"。而说到直播带货,就一定会提一个人,那就是淘宝直播一姐薇娅。薇娅 2018 年创造了个人销售额 27 亿元的神话,2019 年双十一当天,个人销售额更是超过了 10 亿元(图 49.1)。

图 49.1　淘宝直播一姐薇娅

薇娅曾经也只是一个开线下服装店的店主,因为亏损后来转型直播卖货,火起来也就最近一两年的时间。一个人能够取得如此大的成功,肯定有其独到之处,今天我们就仔细分析一下薇娅直播的独门秘技。

一、绝对有料有戏的销售天才

大多数的主播卖货靠的就是低价优势供应链,基本没啥营销技巧可言,但是薇娅不同,她全身都是技巧,总结如下:

1. 将观众的"小需求"放大成需要马上下单解决的"大需求"。

以薇娅某次直播卖牙线为例剖析:牙线产品一般主播会这样说,大家知道,常年用牙签会造成牙缝变大、牙齿松动等问题,说完之后开始推荐牙线产品。但牙齿松动问题不会立即出现,而且牙签用了一二十年,早习惯了,所以说服一个常年用牙签的人改用牙线是无比艰难的,更别说让他立即掏钱下单了。

但薇娅有办法,在直播卖某品牌牙线时,薇娅使用"孩子模仿大人"策略成功说服了观众,大意是:你用牙签没关系,孩子很可能模仿大人养成不良习惯,导致受伤,将你的"小问题"放大成孩子的"大问题"。嘉宾维嘉更是在一边添油加醋,模拟使用牙签不慎的流血场景,引发联想,加深观众恐惧。

如此就成功将观众的"小需求"放大成需要马上下单解决的"大需求"。

2. 将"非必需品"演绎成不可或缺的"必需品"。

如果让你卖定价 2000 块、平时不怎么用或替代性超强的"非必需品",你怎么卖?可能有的人会说低价,有的会说质量好,这些都不足以让用户下单。薇娅的技巧是精准定位"挑人卖"。

在直播卖某化妆品冰箱时,她的说辞是"你买再贵的护肤品,没有冰箱来保存的话,它里面的活性成分也会流失",然后将自己一系列国际品牌化妆品都装进冰箱做示范。

这个销售说辞就耐人寻味了,明明普通冰箱就能解决的问题,为何要多花2000 块添一台化妆品冰箱呢?答案是:只有经常买昂贵护肤品的观众才有此需求,所以薇娅的销售说辞与现场演绎只针对此类高端用户。

3. 将未来才会产生的"延时消费"渲染成必须立即购买的"即时消费"。

如何将观众的"延时消费"渲染成必须立即下单的"即时消费"?薇娅的技巧是:利用观众的固有消费经验改变他们的消费决策。

在直播卖某品牌取暖器时,薇娅反复强调:取暖器,一定要越早买越好,越往后越贵。试想,在还不那么冷的秋天,除了低价外,你很难有别的理由说服观众提前消费,但是利用粉丝的固有消费经验,则能轻易说服粉丝。

二、精细化的运营技巧

薇娅不仅有丰富的销售技巧,而且团队也非常重视精细化运营,例如"评论区"。众所周知,绝大多数主播与观众互动,会习惯性地让观众扣 1、2、3、888、666等数字。

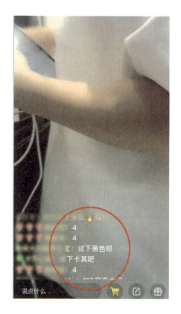

图 49.2　薇娅直播—案例 1

薇娅则不同,她深知每天有无数吃瓜群众慕名而来,而且,直播间的人大多数停留时间都不会超过 3 分钟,为了第一时间让陌生观众了解直播内容,例如正在卖什么、搞什么活动等,薇娅与观众互动的时候,要求观众将活动名称(如 VIP 节、生活节、女装大上新等)、品牌(如国货之光百雀羚等)、产品(如天猫汽车)、口号等内容发送到评论区,然后进行抽奖。这样做既活跃了直播间的氛围,又让新进来的陌生观众一目了然,可以瞬间参与到互动中来,有效提高了观众留存率和转化率。

三、明确的促销策略

营销人都知道,卖什么、怎么卖要因人而异,有个万能公式是这么说的:生客卖礼貌,熟客卖热情,急客卖效率,慢客卖耐心,有钱卖尊贵,没钱卖实惠,时髦卖时尚,专业卖专业,豪客卖仗义,小气卖利益,享受型客户卖服务,虚荣型客户卖荣誉,挑剔型客户卖细节。

但是大部分主播卖货都是只会卖便宜,疯狂强调低价,而薇娅的促销策略则是严谨明确,因地制宜,不同品类有不同玩法,总结起来大概分 3 类:

图 49.3 薇娅直播–案例 2

1. 时尚产品卖款式(绝不比价),促销多用"限量"突出款式稀缺珍贵。

2. 大件耐用品卖便宜与服务,促销多用"同款低价与包年服务"突出优势。

3. 快销品则卖数量(从不单件销售),多用买 × 送 × 等"捆绑销售"跑量。

这样就把不同品类的商品促销策略分得非常明确,做到了对粉丝最大限度的转化。

四、巧妙地定位观众

每个平台都有特有的粉丝称呼,淘宝主播称粉丝为亲爱的;快手主播称粉丝为宝宝、老铁;而薇娅作为一个知名主播则另辟蹊径,称粉丝为"薇娅的女人",一个简单的称呼改变,却可以起到两大作用:

1. 直接放弃男粉,使得粉丝足够精准,薇娅的粉丝 99% 为女性。要知道,天下 70% 的消费决策是由女性做出的,所以有句话叫得女人者得天下。男人只会舔屏,女人才会掏钱。

2. 该称呼瞬间让薇娅与粉丝之间产生了从属关系,只要你进直播间就意味着默认这种"依附"的微妙关系,再让粉丝无数次地从标有"薇娅的女人"海报里领取"独有的直播间优惠券",反复给予心理暗示并强化这种关系。

五、聪明圆滑地杜绝售后

据观察,薇娅卖功能型产品,如美白牙膏牙贴、减肥茶、祛斑护肤品等,一般会用如下策略:

1. 从不承诺具体使用效果。如卖某纤体茶,绕开功效,讲味道好喝,喝了不拉肚子等,只字不提喝完能塑造身体哪个部位的曲线从而达到纤体效果;祛斑产品重点说好用、好吸收,也不保证确切的使用效果。

2. 在产品秒完抢光之前,从不主动讲产品的不确定结果。例如卖某美白牙膏,产品秒完了,再补充说,该产品对天生黄牙的观众无效。都是生意人,适当规避与减少售后服务很正常,也可以理解,但过于美化就成为虚假宣传了。

以上就是对带货女王薇娅的带货技巧总结,希望对各位读者有所帮助。

第五十节　开启你的直播电商之路

我经常给客户说:你可以错过一个风口,但是绝对不能错过一个趋势。

错过一个风口,也就是失去了一个机会,影响最多也就两三年;而错过了一个趋势,至少会影响你未来的十年。短视频和直播带货就像互联网出现、电商出现、微信微商出现一样,是划时代的趋势,每个人都要重视起来,一定不能错过。

1.直播卖货需要准备的设备

两部手机(一个用来直播,一个用来控屏、互动、抽奖),一个直播架,一个美颜灯。这些是直播卖货必须准备的设备。

直播手机要2000元以上的,最好是当年的新手机,否则容易卡顿,画面质量差,粉丝体验太差,影响直播卖货效果。控屏手机没有过高要求,好用即可,主要用来截屏拍照,公布中奖名单,以及把控留言氛围和处理黑粉。

直播架就是普通的手机支架,根据自己的需要进行选择即可,淘宝上几十块钱即可买到(图50.1)。手机支架一定要买稳定性比较好的,不要买那种可以任意弯曲的,支架不稳的话直播画面会晃动很严重。

美颜灯是必须有的装备,谁都喜欢看长得好看的、看着舒服的主播,美颜灯

图 50.1　直播架　　　　　图 50.2　美颜灯

可以大大提高主播在镜头前的颜值和肤色(图 50.2)。美颜灯的价格从几十到上千元不等,价格越高功能越多,可调光色也就越多,大家可以根据自己的条件自行选择。

除了以上必须配置的装备外,还可以选配一套直播声卡。直播声卡有两个用处,第一,可以把主播的声音调得更好听一点,尤其是声音不是很悦耳的主播,可以借助声卡调一下音调,毕竟直播卖货,音调就是销量,没有人愿意长时间听刺耳的声音;第二,直播声卡一般都有伴奏和氛围音功能,可以播放背景音乐,调节直播间的氛围,弥补主播表现力的不足。

2. 优秀电商主播必须具备的五个能力

(1)勤奋度

勤奋是一个带货主播必须具备的基本能力,直播一哥李佳琦一年要开 400 多场直播,唯有定时定点,争取每天开播,如此坚持不懈地努力,才能让粉丝形成习惯,持续保证直播间的人气。

每场直播时长一定要控制在 2 个小时以上,因为平台一般只对时长超过 2 个小时的直播间才会给予较大流量的推荐, 只有获得了平台的大流量推荐,直播间人气才能快速提升。

(2)喜爱度

让粉丝喜欢上你是一种能力,衡量喜爱度有两个指标:回头率和转粉率。回头率是指粉丝跳出直播间后再回来的比率;转粉率是指来过直播间的人,有多少关注了主播,转化成了粉丝。开始直播后,一定要时刻关注这两个指标,不断进行优化,才能越做越好。

(3)传播力

每个人看到喜欢的、有价值的东西都希望分享给熟悉的人,直播间也一样,分享数、邀请数是衡量直播间价值的两个重要指标,主播通过引导、抽奖等方式鼓励粉丝把自己的直播间分享给自己的好友、朋友圈,或者邀请好友来直播间看直播,这样可以形成二次裂变,为直播间吸引更多的人气和粉丝。

(4)互动力

互动力是衡量直播间活跃度的重要指标,平台也会根据直播间的活跃度来判断主播是否受粉丝喜欢,进而决定是否给该直播间更大的流量。这一点的算法跟短视频的爆款算法一致。一个优秀的主播一定是亲密度非常好的,受粉丝喜爱的。

(5)带货力

我们要做直播卖货,成交量是永恒追求的目标,因此直播间的转化率就成了决定直播是否成功的第一要素。

衡量主播等级,我们一般遵循如下公式(图 50.3)。以 10 万粉丝举例,单场直播利润大于 1 万才算是及格主播,大于 5 万为优秀主播,大于 30 万则为超级主播。

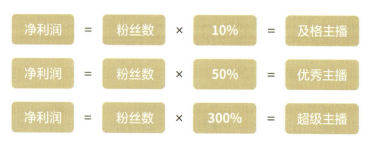

图 50.3 主播等级计算公式